“安全伙伴”管理体系应用与实践

杨国和◎著

应急管理出版社
·北 京·

图书在版编目（CIP）数据

“安全伙伴”管理体系应用与实践 / 杨国和著. --北京：应急管理出版社，2021

ISBN 978-7-5020-7490-6

Ⅰ.①安… Ⅱ.①杨… Ⅲ.①煤矿企业—安全管理 Ⅳ.①F407.21

中国版本图书馆 CIP 数据核字(2021)第050331号

“安全伙伴”管理体系应用与实践

著　　者 杨国和
责任编辑 成联君
责任校对 李新荣
封面设计 天下书装

出版发行 应急管理出版社（北京市朝阳区芍药居 35 号　100029）
电　　话 010-84657898（总编室）　010-84657880（读者服务部）
网　　址 www.cciph.com.cn
印　　刷 涞水建良印刷有限公司
经　　销 全国新华书店

开　　本 710mm×1000mm 1/16　**印张** 13 1/4　**字数** 152 千字
版　　次 2021 年 4 月第 1 版　2021 年 4 月第 1 次印刷
社内编号 20210081　**定价** 69.00 元

序　言

良好的企业发展氛围是孕育先进文化的摇篮，优异的发展业绩为创新管理搭建了广阔平台。进入新时代，中国平煤神马集团传承发展、守正创新，确立了“六个坚持”基本原则，把安全作为各项工作的首要前提，为加快高质量转型发展、建设世界一流能源化工企业奠定了坚实基础。而“安全伙伴”管理体系（简称“安全伙伴”）的形成，正是“六个坚持”扎根基层孕育而生的必然结果，也是“生命至上、安全第一”理念落到实处的生动实践。

近年来，“安全伙伴”首先在平煤股份八矿和平宝公司两个矿井应用。两个矿井人员构成不同、井下结构不同、管理重点不同，但“安全伙伴”的应用均取得了显著成效，加快了矿井安全高效建设步伐。这更加彰显了“安全伙伴”在推动企业安全管理中所发挥的积极作用，充分说明“安全伙伴”不是一个独立封闭的体系，而是可复制、可借鉴、可推广的成熟经验。

平煤股份八矿大力开展争创星级“安全伙伴”活动，推动广大职工思想上快速转变、行动上紧紧跟随，企业质量效益大幅提升，实现了达产稳产，连续两年盈利 3 亿元以上，一跃成为集团煤炭板块的主要增收创效点，为助推集团高质量转型发展作出了突出贡献。鉴于“安全伙伴”应用的显著成效，平顶山市安委会决定将“安全伙伴”在全市进行推广，目前集团绝大部分矿井应用了“安全伙伴”，安全生产态势、职工工作积极性等方面均得到了显著提升。

国和同志作为集团主力大矿的主要负责人，能在繁重工作之余对“安全伙伴”管理经验进行系统地总结归纳、提炼完善，形成一套有特色、有创新、有效果的管理体系，确属难能可贵。这本书中既有明确的操作流程，便于借鉴应用；又从人性角度进行剖析，便于因企而异进行改造。特别是本书采用叙述、事例加议论的独特方式，让人深切感悟到煤矿工人辛勤工作背后的点滴故事。这本书完全可以作为煤炭行业安全生产管理方面的辅导教材，供行业同仁交流学习。

中国平煤神马集团党委书记、董事长

2021年2月5日

于河南·平顶山

前　言

“无为而治”是管理的至高境界。“无为”并非是什么也不做，而是要遵循企业发展的本质规律，在管理与约束人的行为上收放自如，有所为和有所不为。

管理系统能够有效运行，除了有良好的管理制度和相匹配的企业文化之外，另一个更重要的因素就是人，就是员工的能力、责任和意识。管理者管理和约束人的行为在一定程度上要遵循人的自然发展规律，理想状态就是：员工能进行自我管理、提升自我，各司其职，达到企业无为而治。

企业管理也当是如此。《“安全伙伴”管理体系应用与实践》是基于煤矿工作的特殊性及现状，在充分考虑人的因素的前提下，经过多年的摸索、运用形成的一套行之有效的管理模式。以安全为主，将生产、出勤、行为纳入其中，相互交织中起到带动作用，潜移默化下转变了矿井管理层和职工的思想，提高了工作积极性，形成了良好的素养。在思想上，干部职工更加重视安全，把“要我安全”的强制思维变成“我要安全”的必要思考，安全意识得到大幅提升；在生产上，把只找客观因素变成反思主观因素，生产效率得到大幅提高；在出勤上，把出工不出力变成出工必出力，工作矛盾得到大幅减少；在行为上，把个人我行我素变成集体荣辱与共，和谐稳定环境得到大幅改善。通过在全矿开展争创星级"安全伙伴"活动,真正实现了矿井安全健康稳定的发展,让干部职工切实感受到变化和甜头。

经过一年多的整合、提炼、提升,《"安全伙伴"管理体系应用与实践》一书终于与大家见面。在成书过程中,我深入干部职工进行调研,并与各相关部门进行交流,将争创星级"安全伙伴"活动以来的效果与自己的所见所闻所感融为一体,从个人、单位、矿井发展角度对"安全伙伴"制度进行深入剖析,把"安全伙伴"的精神实质和作用发挥充分展现在大家面前,为相似和相同行业采用此项管理模式提供详细参考,展示出了八矿作为新中国自行设计施工建设的特大型矿井的胸襟与担当。

本书能够让干部职工看到企业发展中"伙伴"的力量,感受到"伙伴"的魅力,其中既有制度的硬性规定,也透漏着管理层对职工的深切关怀,更有现实例子的实践脉络。然而,怎样在飞速发展的新时代更好更有效地把"安全伙伴"管理体系运用到实际工作中,还要做好与时俱进的探索和融合,在发展中为企业提供源源不断的动力。

希望全矿广大干部职工认真学习、领悟、践行,从"安全伙伴"中感悟工作的道理、管理的艺术、发展的方向,进一步激发正能量,不断磨砺自我,真正成为一名符合新时代要求的新矿工、新管理者,携手为矿井的发展贡献力量。

由于时间仓促,书中难免有不足之处,还望广大干部职工朋友们给予谅解并提出宝贵意见。

作者

2021年2月

目　次

第四章 “三聚”保高效

第五章 “三打”保出勤

第六章 “三促”保和谐

第七章 “安全伙伴”管理体系应用实践

第一章 『安全伙伴』管理体系概述

平煤股份八矿(简称八矿)位于平顶山市东部,北依焦赞山,南临平安大道,东与许昌市襄城县毗连,西距市中心 11 千米,与孟宝铁路相连,位置优越,交通便利。矿井始建于 1966 年 10 月 12 日,是新中国自行设计和施工的第一座年产 300 万吨的特大型矿井。矿井东西走向长 12.5 千米,南北倾斜宽 3.36 千米,井田面积 41.42 平方千米。1981 年 2 月 13 日投产,设计服务年限 65 年。与矿井配套建有一座年入洗能力为 450 万吨的炼焦煤选煤厂、一座年入洗能力为 90 万吨的动力煤选煤厂。因矿井地质条件复杂,水、火、瓦斯、煤尘、顶板、地温六大自然灾害都存在,加之受技术水平的制约,从动工到投产,建设周期长达 15 年。经过几代矿工的艰苦奋斗,矿井于 2003 年实现 300 万吨达产,2008 年第二次达产 360 万吨,矿井综合生产能力 405 万吨,2019 年实现 405 万吨第三次达产。目前,核定生产能力 405 万吨/年。

八矿属于煤与瓦斯突出矿井,主采煤层为三组四层,即丁 5.6 煤层(五 2 煤)、戊 9.10 煤层(四 2 煤)、己 15 煤层(二 2 煤)和己 16.17 煤层(二 1 煤),各煤层均实现一次采全高。矿井布置两个生产水平,一水平标高为-430 米,二水平标高为-693 米。

八矿地面工业场地一角

近年来，矿井先后获得全国五一劳动奖状、国家一级安全生产标准化煤矿、全国煤炭行业一级安全高效矿井、全国煤炭工业先进集体、全煤企业"五精"管理样板矿、全煤文明煤矿、全煤企业文化示范矿、全国煤炭工业节能减排先进企业、全国模范职工之家、河南省五一劳动奖状、河南省文明单位、河南省"五优"矿井、河南省煤炭行业"十佳"煤矿、河南省职业卫生示范矿井、河南省煤炭系统文明矿、平顶山市安全生产目标考核优秀单位，以及中国平煤神马集团安全生产先进单位、最高技术奖、安全生产标准化示范矿井等荣誉称号。

八矿部分荣誉

第一节　建立“安全伙伴”管理体系的时代背景

落实国家高质量发展总体要求

目前,我国经济已由高速增长阶段转向高质量发展阶段,这是以习近平同志为核心的党中央根据国际国内环境变化,特别是我国发展条件和发展阶段变化做出的重大判断。煤矿行业由于其特殊性,虽然经历了“十年黄金期”和四年多的低迷期,但依然没有改变其危险系数高、科技含量低、管理粗放等标签,制约矿井高质量发展的因素依然较多。近年来,随着国家对煤矿现代化、智能化发展的重视程度不断提升,煤矿安全生产所需的新设备不断更新升级,为进一步提升煤炭行业发展质量提供了硬件和软件支撑,煤矿事故大幅减少,生产效率也不断提升。而且通过供给侧结构性改革的不断深化,煤矿也将迎来崭新的高质量发展机遇期。

推进高质量发展,必须要有强有力的措施和行动。开展“安全伙伴”管理体系建设,既紧扣煤矿安全管理这一首要前提,又抓住了企业发展这一核心要务,并在和谐社会建设这一永恒话题上进行了有力探索,是贯彻落实国家高质量发展总体要求的具体体现。开展“安全伙伴”管理体系建设,是八矿作为新中国自行设计施工的第一座特大型矿井，在新时代背景下的有力探索，为巩固国企共和国长子地位，坚定不移把国有企业做强做优做大提供了坚定决心。开展“安全伙伴”管理体系建设，是八矿由年产 300 万吨向年产 405 万吨迈进的有力支撑，体现了八矿与时俱进、奋勇争先的价值追求，是贯彻落实习近平总书记考察河南时重要讲话精神，坚定信心埋头苦干奋勇争先，谱写新时代中原更加出彩的绚丽篇章的具体行动。

紧扣集团高质量转型发展规划

当前，集团发展持续向好的势头没有变，之所以能够顶住前期经济下行的压力，得益于转型发展打下的良好基础，形成了现在三大核心产业的良好格局，这其中八矿也是转型发展的最大受益者。但转型发展是一个动态的过程，只有进行时，没有完成时。2019 年，在集团新一届党政领导的正确领导下，集团提出了转型发展三年行动计划，三年内要落地 101 个项目，项目总投资 640 亿元，三年内计划投资 370 亿元，三年内要通过 370 亿元的投入，带来营业收入增加 500 亿元；三年以后要达到 2000 亿元；三年内利润必须要达到 100 亿元以上。八矿作为集团主力矿井，肩负着“率先实现 500 万吨、再铸八矿新辉煌”的光荣使命，肩负着集团领导的殷切期望，在集团高质量转型发展中必须承担更多责任，做出更大贡献。

推动集团高质量转型发展，必须保持步调统一、方向一致，努力站稳集团煤炭板块“排头兵”，为集团高质量发展贡献八矿力量。推进“安全伙伴”管理体系建设，是在转变思想和行动上的有力探索，也是一剂猛药，让全矿干部职工思想更解放、行动更迅速、创新更大胆、落实更见效。在“六个坚持”的正确指导下，在与“安全伙伴”管理体系的有机融合中，八矿新一届领导班子科学谋划了“三步走”发展战略，高度契合集团三年转型发展规划；规划实施了“三区三面”生产布局，高度契合集团加快“一优三减”工作、实现合理集中生产的总体要求；停丁组、缓戊组、先己组的开采顺序，甚至走在了集团先己组、配戊组、缓丁组前面，在推动集团公司实现更高质量转型发展过程中进行了大量探索，取得了显著效果。

坚持集团六个基本原则

在集团环境保护污染治理与绿色发展工作推进会、集团党委党的建设工作领导小组 2018 年四季度工作例会、集团深化企业改革领导小组会议上，集团党委书记、董事长李毛首次提出，并反复强调了“安全环保是基础，改革创新是引领，质量效益是中心，党的建设是保证”，着眼新时代企业发展的新任务，突出新形势下对安全、改革、发展、党建等工作的再审视、再提升，明确了高质量转型发展的总体思路，对集团实现发展质量更高、效益更好、结构更优，具有很强的前瞻性、指导性、针对性。

党的十九大以来，中国特色社会主义进入新时代，我国经济发展也进入新时代，其中高质量发展是重要特征。具体到集团，就是推动高质量转型发展。作为省属特大型国有企业，集团在全省经济发展中的地位举足轻重。进入新时代，随着结构调整持续深化、转型升级有序推进、产业规模不断扩大，集团实现质量更高、效益更好、结构更优的发展有了新的基础，面临新的任务。

坚持以安全环保为前提。安全环保是企业改革发展稳定的天字号工程，也是保障职工群众幸福的基础性工程。任何时候、任何情况下，都必须站在讲政治、讲大局的高度，把安全放在各项工作首位、把环保工作放在与安全同等重要位置持续抓好。安全工作只有起点没有终点；环保准绳只会收紧不会松绑。强调安全环保是基础，对于集团持续巩固提升特色转型发展成果，推进新时代高质量转型发展具有重要的现实意义和特殊的政治意义。

坚持以质量效益为中心。这是集团立足发展新阶段对发展规律的深刻把握，是深入贯彻落实新发展理念的内在要求，也是实现高质量转型发展的重要遵循。衡量企业的竞争实力和发展潜力，关键是看发展的质量、效益水平，看发展是否迈入中高端、实现可持续。集团党委书记、董事长李毛在阐述新时期集团全面深化改革和转型发展总体要求时，强调必须坚持以质量效益为中心。围绕中心才能把握全局，抓住中心才能提纲挈领。我们唯有自觉保持战略定力迎挑战，以担当有为抓落实，不为任何困难所惧，不为任何干扰所惑，方能始终坚持以质量效益为中心勇毅笃行，实现加快转型、高质量发展，开创集团更加美好的未来。

坚持以改革创新为动力。改革开放以来，集团高举改革旗帜，把握正确方向，大胆探索实践，创造了辉煌业绩。实践证明，改革创新改变了我们的思想观念，塑造了我们的精神品格；改革创新促进了集团发展方式转变、效率效益提升，为集团高质量转型发展注入了不竭动力。要想继续在激烈竞争中赢得主动、保持优势，必须坚持把深化改革作为决定前途命运的关键一招，开拓进取，除旧布新，破局开路，永葆活力，驱动转型发展夺取新胜利、开创新局面。

坚持以结构调整为主线。这是集团主动适应经济发展新常态，科学把握定与变、稳与进的辩证关系，做好当前经济工作的重要遵循，更是立足现实抢占未来发展制高点的必然选择，对于实现高质量转型发展具有重要意义。但结构调整不是某一产业、某一单位的单兵突进，而是全方位、多层次、多产业的协作联动，难以一蹴而就，务必久久为功，必须坚持胸怀大局、把握大局，时刻着眼大局、服务大局，把集团整体利益摆在首位，放眼长远权衡得失，一盘棋做谋划，一张图干到底，齐心协力做好结构调整这篇大文章，打造集团经济发展升级版，以高效协同发展推动高质量转型发展。

坚持以全体职工为依靠，既是推动企业改革发展的根本力量和决定性因素，也是贯彻党的群众路线的具体体现，更是深化改革、转型发展的根本保证，充分体现了集团以人为本、为民担当的深厚情怀，彰显了职工至上的价值取向。最大的智慧和力量，存在于群众；最好的思路和方法，源自于职工。坚持以全体职工为依靠，就要进一步统一思想认识，落实制度措施，密切党群干群关系，凝聚推进高质量转型发展的正能量，为建设具有全球竞争力的世界一流能源化工集团提供持久动力和坚强支撑。

坚持以党的建设为保证。坚持党的领导、加强党的建设，是我国国有企业的独特优势，也是我们战胜风险挑战、推动改革发展的根本保证。实践证明，办好一切事情关键在党。全面加强党的领导和党的建设，不断增强党的创造力、凝聚力、战斗力，企业改革发展才有正确方向和坚强政治保证。巨轮行稳致远，需要从容驾驭的领航者；列车驶向远方，需要强劲有力的火车头，只有在思想认识上实现共振，在改革发展上形成聚焦，才能做到坚定信心、不忘初心、保持恒心，才能实现以党的建设高质量推动转型发展高质量。

第二节 建立“安全伙伴”管理体系的意义

展现良好企业文化发展精髓

正所谓“三年企业靠打拼，十年企业靠管理，百年企业靠文化”，一流的企业必须依靠文化支撑。

1966—1981 年，“到祖国最需要的地方去，到最艰苦的地方去，我们要在那里建设一个现代化的煤矿，我们决不动摇……”工程兵的铮铮誓言回荡在平顶山矿区。那时候的建设者们用肩抬背扛开路、铁锤钢钎架梁，为了支援祖国经济建设，胼手胝足、艰苦奋斗、埋头苦干是他们的代名词。“大庆精神”在建设者的身上显得格外炫彩夺目。历经几年的演变，煤矿人独有的“特别能吃苦、特别能战斗、特别能奉献”的矿工精神已形成，被人们所认知。从荒芜的山林到高耸的井架，在靠肉体拼搏夺取高产的时代，八矿人以“欲与天公试比高”的豪迈，打造出“艰难困苦，玉汝于成”的“奋斗”文化。投产后的八矿人看到井下乌金翻滚，兴奋之余成就的是八矿在浴火重生中的凤凰涅槃。

1981—2003 年，八矿人牢记职责和使命，坚持思想领先、超前运作的原则，与时俱进，勇于创新，攻难关，促发展。从炮采到普采，再到机械化程度达到 85%，职工劳动强度大幅下降。引进先进管理经验，实施 OPM 精细化管理，职工安全系数大幅提升。2000 年，八矿遭遇困难，职工工资收入仅能维持生活，但八矿人咬紧牙关，与企业同呼吸、共命运，最终赢得了胜利。经过经济危机洗礼的八矿人十分珍惜难得的发展机遇，用质量为安全铺路，用科技推动生产，2003 年达产 300 万吨，实现了八矿人的夙愿。从投产到达产，八矿人将“敬业、拼搏、诚信、奉献”的精神载入史册，将“我与八矿共荣辱”的矿魂注入血液，一路走来。

2003—2012 年，八矿引入学习型企业文化理念，扎实开展企业文化建设，以安全生产为中心，以准军事化管理为载体，以降低成本、提高经济效益为核心，加强思想政治工作，创新机制，强化管理，用理念凝聚职工，用标准规范职工，用机制激励职工，用环境熏陶职工，努力创建学习型企业文化，打造平安、和谐、高标准文明矿区。八矿坚持以瓦斯治理为重点，实施科技兴矿战略，用科技促发展，向科技要效益，卓有成效地开展科技攻关，新技术推广项目。大力开展信息自动化建设，井下多个岗位实现无人值守。

2013—2018 年，八矿以党的十八大精神为指引，以矿山建设为中心，以科技兴企为目标，以强化企业管理为依托，以制度建设为内容，以形象建设为载体，以文体活动为手段，以思想政治工作为保证，通过建立创新理念、凝练企业精神、培养好的作风、完善管理机制、营造学习气氛、建设过硬队伍、树立良好形象，构筑起严谨、务实、创新、奉献的企业文化氛围。推进“家文化”，让“八矿是八矿人的八矿”理念更加深入人心，进一步提升职工企业的认知度、接受度和归属感。提升环境文化，坚守绿水青山就是金山银山发展理念，大力实施亮丽工程，构建四园两广场。

2019 年以来，八矿致力于实现高质量发展，规划实施了“三步走”发展战略目标，这是做好当前和今后一个时期各项工作的总定向、总指引和行动纲领。围绕这一目标，全矿上下解放思想，坚持把变字贯穿始终，推动矿井实现了第三次达产 405 万吨。同时，进一步主动调整生产结构，“三区三面”500 万吨呼之欲出。进一步落实以人为本理念，“八矿一家亲”的矿井文化氛围浓厚。进一步凝聚发展合力，“一盘棋”思想落地生根。进一步提升战斗力，“三个站位”“五个责任”引导干部职工奋勇前行。2019 年以来，矿井取得了全方位的发展业绩，实现了深层次思想和行为变革，对当前乃至今后一个时期发展具有重大而深远的影响。

1981年10月1日，煤炭部部长高扬文来矿检查指导工作

1982年6月6日，煤炭部部长于洪恩来矿检查指导工作

1989年5月1日，能源部部长黄毅诚来矿检查指导工作

1996年7月24日，河南省副省长李志斌来矿检查指导工作

有利于解决煤矿发展老大难问题

从国家层面来看，短期内煤炭仍是国家发展战略中不可或缺的重

要能源,但相比较其他行业发展,煤矿由于特殊的储存环境,井下环境复杂,安全系数低,开采难度大,投入成本高。特别是八矿等地处中原地区矿井,相对于西部矿井而言采深更大,地质赋存情况更加复杂,水、火、瓦斯、煤尘等自然灾害严重。而且,煤矿行业已经经历了多年发展,八矿作为中国平煤神马集团相对年轻的矿井,也已经有 50 多年的建矿历史,从建矿初的煤一代已经发展到了煤三代,沉淀的历史遗留问题较多,肩负的社会责任较重,严重制约矿井安全高效发展。如何加快煤矿井下灾害治理,提高劳动效率,盘活人力资源,维持企业发展的良好健康环境,是当前诸多矿井面临的老大难问题。

破解制约煤矿发展的老大难问题,特别是对一些开采年代久远、自然灾害严重、用工基数大的矿井,关键是要在思想上进行转变,在体制机制上进行改革,在方式方法上进行创新。开展"安全伙伴"管理体系建设,从题目上已经明确了安全这一核心,突出伙伴这一载体,兼顾了生产、出勤、稳定等关键要素,是在对煤矿老问题进行新的探索。通过实践与探索,着力推动安全上由要我安全向我要安全转变,职工安全意识得到质的提升,在全矿汇聚起互保平安的浓厚氛围。而且推动着煤矿生产由苦干实干向会干巧干上转变,解决了矿井大而不强、大而不美、大而不富的窘境,一举打破广种薄收、东方不亮西方亮的思想观念;推动着煤矿用工由劳动密集型向技术密集型转变,解决了干多干少一个样、干与不干一个样、干好干坏一个样的不良环境,一举打破了大锅饭、旱涝保收的思想观念;推动着煤矿工人由"煤黑子"向"煤亮子"转变,解决了煤矿企业职工素质参差不齐、信访稳定案件偏多等问题,把全矿干部职工的思想和行动统一到党和国家的大众方针上来,统一到集团党政和矿党政决策部署上来,统一到矿井奋力迈向 500 万吨的伟大征程上来。

探索矿井高质量发展的科学路径

2019年4月19日下午，集团党委书记、董事长李毛到八矿调研并检查安全生产工作。他强调，要进一步坚定信心，落实“六个坚持”，突出安全环保前提、质量效益中心，多出煤、出好煤、出效益，为集团转型发展三年行动计划顺利完成、以党的建设高质量推动转型发展高质量作出应有贡献。

五一劳动节即将到来，节日前后是安全生产的关键时期。李毛来到八矿后，直接下井，到该矿己15-21030机巷察看，认真了解巷道瓦斯治理、顶板支护等安全工作，并仔细询问工作面资源赋存、生产布局等情况。

在该巷道掘进工作面，李毛与当班职工亲切交谈，询问他们工作时间安排、工资收入、人员年龄结构等情况，叮嘱他们牢固树立安全第一思想，严格落实各项安全规程，上标准岗、干标准活，确保以良好的精神状态投入工作，强化工作中的自保互保，切实筑牢安全第一道防线。他还要求该矿进一步强化劳动组织，提升装备水平，优化职工工作环境和作业条件，减轻职工劳动强度，在薪酬分配上进一步向一线倾斜，引导干部职工投身井下一线建功立业。

升井后，在八矿会议室举行的座谈会上，六矿、八矿、十二矿、平宝公司等一季度集团经营绩效考核AA级单位负责人分别汇报了一季度生产经营情况，以及下一步抓牢安全环保前提、保持良好发展态势、推动高质量发展的工作思路，并提出了发展中遇到的问题。

李毛指出，一季度，煤炭板块安全生产整体平稳，经济运行质量大幅提升，高质量实现了首季“开门红”，涌现出了六矿、八矿、十二矿、平宝公司、瑞平公司张村矿等经营绩效考核 AA 级单位,成绩值得肯定。我代表集团党委、集团向你们表示热烈祝贺。

李毛强调,质量效益是中心不是空谈,要实实在在去干。今年,集团出台了转型发展三年行动计划,勾画出了未来高质量转型发展的宏伟蓝图。将宏伟蓝图变成现实,关键在于落实。煤炭板块作为其中的重要支撑力量,要进一步坚定信心,增强责任感、使命感和紧迫感,落实"六个坚持",处理好安全与发展、安全与生产、安全与效益的关系,更加突出安全环保前提、质量效益中心。

李毛强调,近期全国安全生产事故多发,安全形势十分严峻,一定要认真吸取事故教训,严字当头、自我加压、强化担当,落实"四个重在",坚持目标、问题和效果导向,确保"想得到、做得到、不出事",在确保效果的前提下倒逼推进各项工作。要牢固树立以质量效益为中心的鲜明导向,坚持稳中求进工作总基调,科学谋划全年工作,强化落实、强化考核、强化追究,采取超常规措施,多出煤、出好煤、提效益,努力实现效益最大化。

李毛强调,汇报工作的 4 家单位,面对复杂生产条件等困难,工作有思路、有办法,措施得力,成效显著。今后要进一步坚定信心、鼓舞士气,营造"幸福是奋斗出来的,质量效益是干出来的,工资是劳动挣来的"浓厚氛围,引导全体干部职工齐心协力、各负其责、苦干实干,把好的发展态势保持下去,进而引领带动整个煤炭板块抓实安全环保前提、抓好质量效益中心,一步一步把宏伟蓝图变成美好现实,为集团转型发展三年行动计划顺利完成、以党的建设高质量推动转型发展高质量作出应有贡献。

下井前,在八矿"践行'六个坚持',扛起安全责任"签字活动现场,李毛在安全条幅上签上"筑牢安全前提,再铸八矿辉煌"十二个字,送上了美好祝愿。

中国平煤神马集团党委书记、董事长李毛在安全条幅上题词

2020年1月7日，中国平煤神马集团三届一次职代会暨2020年工作会议在矿工俱乐部召开，集团总经理杜波作2020年工作报告。总结了2019年各项工作，分析了面临的形势任务，并对2020年各项工作进行了安排，提出全年工作的总体要求是：以习近平新时代中国特色社会主义思想为指导，全面贯彻党的十九大和十九届二中、三中、四中全会精神，认真落实中央、省委经济工作会议、省委十届十次全会精神，紧扣高质量转型发展目标任务，坚持稳中求进工作总基调，坚持新发展理念，落实“巩固、增强、提升、畅通”八字方针，持续深化“六个坚持”，稳增长、调结构、强改革、促共享、防风险、保稳定，不断增强企业竞争力、创新力、控制力、影响力、抗风险能力，实现经济量的合理增长和质的稳步提升，努力开创更高质量转型发展新局面。

报告在安排部分指出：要打造国内一流的炼焦煤生产基地。煤炭板块要稳定规模、做精做强，巩固全国第一、世界第二的优质主焦煤地位，实现由量大到质优的转变。深化大精煤战略，煤炭生产全面转向焦煤开发，先己组、配戊组、缓丁组，保持炼焦煤 4000 万吨、精煤 1200 万吨、优质主焦煤 600 万吨以上的规模。坚持发展一批、稳定一批、退出一批，八矿、十矿、十一矿、平宝公司加快打造（400～500）万吨级矿井，八矿率先实现 500 万吨产能，平宝公司主斜井贯通，五矿己四采区重启开发。田庄选煤厂要定位行业前三，加快建设千万吨级炼焦煤选煤厂。逐步关停资源枯竭、效益差的矿井和采区，六矿二井和吴寨矿关闭退出、转型发展。其他矿井加快升级改造、合理优化布局、提升安全高效水平。大力推进煤矿“一优三减”和“四化”建设，120 万吨以下矿井一井一面，（120～300）万吨矿井一井两面，300 万吨以上矿井不超过 3 个工作面，着力打造一批单产 10 万吨、20 万吨综采队，逐步取消单产 5 万吨以下综采队。300 万吨以下矿井单班入井人数不超过 600

中国平煤神马集团总经理杜波到八矿检查指导工作

人、300 万吨以上矿井不超过 800 人。坚持新矿井新模式,瞄准生产智能化、管理现代化、后勤社会化,加快将梁北二井、夏店矿建设成为行业一流的安全高效矿井。

中国平煤神马集团首次以工作报告形式明确,八矿率先实现 500 万吨产能的任务。围绕这一目标,八矿在 2019 年进行了有力探索:2019 年 2 月,八矿正式下发了《关于开展争创星级“安全伙伴”活动的暂行规定》(平煤股份八〔2019〕1 号),“安全伙伴”管理体系初登八矿舞台。

2019 年 3 月,八矿一季度累计完成销量 104.5 万吨,销售收入6.38 亿元,利润 9588 万元,均居集团煤炭板块前三,销量和收入创建矿以来同期最好水平,交出了一份优异的答卷,圆满实现了首季“开门红”、建成了一季度 AA 级单位。戊 9.10-14160 采煤工作面单产突破 16 万吨,创八矿单产水平历史新高。同时,成功召开了集团安全生产标准化现场会及机电专业安全生产标准化现场会 2 个集团级现场会。

2019 年 4 月,八矿首次引用铁福来水力造穴钻机,并在己 15-21030 机巷抽排巷和机巷投入使用,迈出了八矿区域瓦斯治理重大一步。印发了《平煤股份八矿安全风险分级管控和隐患排查治理双重预防体系管理规定(试行)》(平煤股份八〔2019〕97 号),推动矿井双重预防体系建设走深走实。同时,连续实施创新举措,取消安全质量抵押金制度,推行安全生产标准化达标创建奖励;实施干部自主留矿制度,提升干部工作积极性、主动性。

2019 年 5 月,围绕矿井“三步走”战略,制定了矿井产能升级规划及实施方案。探索掘打一体化治理模式,开二(2)队在肩负 100 米本煤层造穴钻孔任务的同时,施工的己 15-21030 机巷完成 130 米,超计划 30%。对办公楼进行亮化改造、矿山食堂(原四食堂)改造完成投入使用，男澡堂吊篮逐步更换为新式更衣箱，对八栋楼、职工医院等进行高标准整体翻修。

2019 年 6 月，形成了瓦斯防治“四个标准”，成立瓦斯异常信息管理办公室，建成了八矿第一条标准化瓦斯抽采系统（己 15-21030 机巷）。关闭了己三采区，停运了东风井。建成了省级示范性教育培训基地，荣获全国煤炭行业现代化远程教育培训先进单位。

2019 年 7 月，围绕“三步走”战略部署，制定了“三区三面”安全高效生产目标，果断停止了丁 5.6-14290、己 16.17-22060 采煤工作面开发，明确了逐步取消月产 10 万吨以下采煤工作面，矿井生产向更加合理集中高效益转变。

2019 年 8 月，进一步明确了在发展中解决瓦斯难题的目标，更加坚定通过治理瓦斯实现矿井安全高效发展的信心和决心。实行安全帽信息标识化管理，提高入井人员的责任感和辨识率。同时，矿井顺利通过了国家级绿色矿山验收。

2019 年 9 月，“安全伙伴”先进做法在平顶山市安全生产责任体系建设推进会上进行交流，得到平顶山市领导的高度肯定，认为争创星级“安全伙伴”活动是保证安全生产的“最后一脚”，并要求在全市进行推广。创新开展“悬赏”活动，己 15-15030 采煤工作面在固安特零投入情况下，实现了安全高效回采，彻底摆脱了“固安特依赖症”。同时，矿救护队作为全国唯一一个迎检中队，顺利通过了全国矿山救护队质量标准化检查验收。

2019 年 10 月，单轨吊、掘锚护一体机首次投入使用，矿井安全高效发展再添新利器。承办了河南省煤炭系统电机车修配工技能大赛，运输一队职工牛林林、宋明辉包揽大赛前两名。综采四队宁健作为集团唯一入选全国煤炭行业职业技能竞赛决赛选手，荣获综采维修电工组一等奖。对干部管理、“三重一大”、招标管理等方面文件进行完善，矿井管理水平显著提升。试点安装厂务公开电子公示系统，工资分配更加透明。

2019 年 11 月，班产 6800 吨，日产 1.87 万吨，实现销售收入 2.28 亿元，利润 3000 万元，均刷新矿井纪录。得益于矿井发展形势大好，全矿“安全伙伴”奖励乘以 3 倍兑现。综采五队 1—11 月累计生产原煤 107.68 万吨，建成了八矿首支突出工作面百万吨等级采煤队。一食堂就餐大厅保洁项目对外承包。

2019 年 12 月，矿井提前 10 天实现第三次达产 405 万吨，顺利完成了“三步走”战略第一步，受到集团党政明令嘉奖，集团党委副书记、副总经理张友谊、总工程师张建国到矿祝捷，矿井形象持续攀升、发展势头蒸蒸日上。

一年来，在全矿干部职工的共同努力下，矿井各项工作业绩得到集团党政的高度肯定。

八矿接收到的集团部分表彰决定

第三节 “安全伙伴”管理体系的架构内容

“安全伙伴”管理体系是在日常安全生产中总结出的一套行之有效的管理方法，其主要内容可概括为“四个三”。

与安全挂钩，以“三转”保安全

转思想：通过物质奖励、思想引导、信任感化，提升干部职工对安全工作内涵的深刻认知，树牢“以安全为前提”的思想共识，刹住安全“四风”等现象，进一步筑牢防线、守住底线、不越红线。

转方式：坚持正面引领，大力实施正向激励，改变煤矿安全监督管理中“直、硬、压”等现状，提高职工对安全监管的耐受度，提升安全监督管理的效率效果，着力解决安全管理“上热、中温、下冷”现象，形成符合煤矿现场实际的安全管理方式。

转行为：从个人、干部、矿井三个层面划分，坚持重在落实，坚持真抓实干，坚持突出重点，落实岗位责任制，提高执行力，改善井下安全作业环境，打造本质安全型矿井。

与生产挂钩，以“三聚”保高效

聚智慧：围绕国家高质量发展、行业安全高效发展和集团高质量转型发展总体要求,定思路、善创新、重人才,培育和发展创新能力,着力解决发展中遇到的瓶颈问题。

聚干劲:以重奖聚人心、提干劲,坚持侧重井下一线,兼顾辅助地面,在安排任务的同时制定奖惩标准,让干者知其所得,干多少得多少,明明白白;重干者多得,干的多得的多,干劲十足。

聚合力:引导广大干部职工树立全矿“一盘棋”思想,让职工明白防突牵着开掘、开掘牵着采煤、采煤牵着效益、效益牵着工资,让跨单位合作、跨战线合作成为日常操作,努力形成互帮互助的良好氛围,构建起矿井发展的命运共同体。

与出勤挂钩,以“三打”保出勤

打破:从实际出发,坚持“按劳分配”原则,进一步营造公平公正的干事创业氛围,打破多年来国有老企业、老矿井普遍存在的“大锅饭”现象,使煤矿工人真正实现多劳多得、少劳少得、不劳不得。

打击:以矿层面发动,下决心、下猛药,定制度、定措施,找办法、找诀窍,发动职工解决职工中存在的问题,让不上班、上花班、假上班职工成为众矢之的,着力解决基层单位不想管、不敢管、管不了的老大难问题。

打动:提高“安全伙伴”奖励所占工资比例,根据不同岗位、工种进行差异化管理,以真金换真心、以真诚换真情、以真抓换真干,以矿党政真的态度换取职工真的信任,实现职工矿井心连心。

与行为挂钩,以“三促”保和谐

促团结:强化规矩意识,着力解决个别职工有令不行、有禁不止等问题，解决个别干部大局意识不强、担当精神不足等问题。同时，将伙伴情上升到兄弟情、家属情，在全矿营造“伙伴既是家人”的浓厚氛围。

促稳定：充分发挥伙伴的引导和约束作用，使职工正视不规范行为带来的影响，寻找更加科学合理的解决路径。同时，督促干部落实主体责任，切实发挥党员干部在信访稳定工作中发现问题、解决问题作用。

促正气：坚持以习近平新时代中国特色社会主义思想为引领，大力弘扬社会主义核心价值观，坚决维护法纪法规、矿规矿纪的权威，大张旗鼓表彰奖励新时代先锋模范，弘扬新风正气。

第四节　“安全伙伴”管理体系的细则与要求

“安全伙伴”管理体系在现实中的具体实践，是开展了争创星级“安全伙伴”活动，具体内容如下：

一、成立组织机构

为确保争创星级“安全伙伴”活动的有效开展，成立争创星级“安全伙伴”活动领导小组。

组　长：党委书记　矿长

副组长：矿领导班子副职

成　员：相关各专业副总工程师、业务部门科（区）室负责人

领导小组下设办公室，安检科科长兼任办公室主任，办公室负责争创活动的过程督查及活动效果考核工作。

二、明确活动时间

以年度为阶段，每年度末根据活动开展情况和矿井发展实际，重新修订活动方案，确保活动方案随机构、生产经营情况而变动，始终符合矿井发展实际。

三、规定活动方式

按照同班组、同班次自愿结伴（可多人）、每月一签、每月一兑现的原则签订“安全伙伴”，没有结伴对象的，不得参与争创星级“安全伙伴”活动。

（1）各单位、各部门负责本单位、本部门干部职工“安全伙伴”协议书签订，每月报安检科备案。

（2）“安全伙伴”签订必须坚持自愿原则，严禁区队干部干预，禁止任务性、指标性安排签订对象。

（3）“安全伙伴”奖励每月度兑现，随工资一并发放。

四、规定奖励范围

（1）矿副总工程师、副总师级人员。

（2）矿机关科室（区）和基层单位全体在岗人员。

（3）矿协理、退养、退岗、调入劳动力市场的人员不参与活动。

（4）矿自负盈亏的单位不参与此活动，但可比照本活动自行考核。

五、奖励标准

（1）有井下带班任务的副总工程师 1200 元/月，其他副总工程师、副总师级人员 1100 元/月。

（2）采煤区、综采办、开掘区正职 1200 元/月，副职 900 元/月，科员 600 元/月。

(3)机运区、设备中心、通风区、防突区、安检科、调度室、质量办、总办室、重点办、支护科、地测队正职1100元/月,副职800元/月,科员400元/月。

(4)经营科、物业事业管理中心、计划科、多经办正职900元/月,副职600元/月,科员350元/月。

(5)保卫科、纪委、组干科、工会、宣传科、团委、办公室、企管科、环保科、人力资源科、财务科、机关总支、土建科、职教中心、煤质站、运销站、信息中心正职800元/月,副职550元/月,科员300元/月。

(6)群众工作部、审计科、房管中心、社保中心、协调办、劳动力市场、新闻中心、退管办、会计中心、司法所正职550元/月,副职400元/月,科员260元/月。

(7)采煤、开掘战线基层单位的正职1200元/月,副职800元/月,职工600元/月。

(8)机电、运输、通风、安全战线井下辅助单位的正职900元/月,副职600元/月,职工400元/月。

(9)地面基层单位正职400元/月,副职300元/月,职工200元/月。

(10)单位主持全面工作的副职按本单位正职标准兑现,技术负责人按副职标准兑现;同职级管理人员,按所在单位相关主管正、副职的90%兑现。

(11)凡有入井任务的科(区)室、基层单位干部、职工,在出勤合格的情况下,当月入井指标未完成的,降一档兑现;井下科(区)室、基层单位凡无入井任务的干部、职工,按地面科(区)室、基层单位职工的标准执行。

六、实行“安全伙伴”奖励递增兑现机制

对“安全伙伴”实行逐月星级递增奖励，1月份为1星，以此类推，逐月递增，全年为12星“安全伙伴”。井下直接单位所有人员逐月递增25元，井下辅助单位所有人员逐月递增15元，地面单位所有人员逐月递增10元，机关科(区)室所有人员逐月递增10元。

被取消或减兑“安全伙伴”奖励的单位或个人，当月递增奖励归零，次月按1星奖励标准执行。

七、实行“安全伙伴”奖励“四挂钩”考核机制

“安全伙伴”奖励考核实行矿队两级考核，考核要素坚持“四挂钩”，即与安全目标、生产任务、职工出勤、行为素养考核挂钩。

(一)与安全目标挂钩

(1)有下列情况之一的，取消全矿当月“安全伙伴”奖：

①发生死亡事故的。

②发生1起一级非伤亡事故的。

③矿井出现重大事故隐患被上级部门责令停产的。

(2)有下列情况之一的，取消业务主管部门当月“安全伙伴”奖：

①井下单位发生1起1~4级工伤责任事故的。

②地面单位发生1起5~6级工伤责任事故或二级非伤亡事故的。

(3)有下列情况之一的，业务主管部门当月“安全伙伴”奖励减半兑现：

①井下单位发生 2 起及以上 5~6 级工伤责任事故或二级及以上非伤亡事故的。

②井下发生 1 次浓度达 1.5%及其以上瓦斯超限责任事故的。

③地面单位发生 1 起 7~9 级工伤责任事故的。

(4)有下列情况之一的,取消责任单位当月“安全伙伴”奖:

①井下单位发生 1 起 1~6 级工伤责任事故或 2 起以上 7~9 级工伤责任事故及二级及以上非伤亡事故的。

②井下单位发生 1 次瓦斯超限责任事故的。

③地面单位发生 1 起 5~9 级或 2 起 10 级工伤责任事故的以及二级非伤亡事故的。

(5)有下列情况之一的,责任单位当月“安全伙伴”奖励减半兑现:

①井下单位发生 2 起 7~9 级工伤责任事故的。

②地面单位发生 1 起 10 级工伤责任事故的。

(6)有下列情况之一的,取消责任班组当月“安全伙伴”奖:

①井下单位班组内发生 1 起 7~9 级或 2 起 10 级及以上工伤责任事故的。

②班组内出现扒、蹬、跳、坐输送带等严重违章人员的。

(7)个人当月发生 10 级工伤责任事故的,伙伴双方均不得奖。

(8)当月因个人违章或被责任追究的,罚款单次或累计达到 500 元的(含 500 元),个人不得奖。

(9)当月因个人违章或被责任追究的,罚款单次或累计在 500 元以上的,伙伴双方均不得奖。

(二)与生产任务挂钩

采掘单位当月未完成生产任务的,单位当月不予奖励;采掘战线当月未完成生产任务时，业务主管部门当月不予奖励；其他完成生产任务的采掘单位当月"安全伙伴"奖正常兑现。

当月未明确具体生产任务的单位，与当月本单位工程量（工作量）挂钩，当月工程量（工作量）未完成的单位全员"安全伙伴"奖不予兑现。

除采掘战线以外的其他单位，在完成本单位当月工程量（工作量）的基础上，与全矿当月产量、进尺挂钩。全矿产量、进尺均完成的正常奖励，产量或进尺有一项未完成的减兑 50%，产量和进尺均未完成的不予兑现。

当月生产任务下达后，由于条件发生较大变化时，以生产平衡会平衡结果为考核依据，经矿主要领导审核后给予奖励。

（三）与职工出勤挂钩

个人出勤（入井）工数少于部门或单位所定工数的，伙伴双方均不兑现，特殊情况按矿规定工数考核。个人当月出勤（入井）以单位为单元自主考核，考核情况及时张贴公示，接受监督，并将考核结果报人力资源科。

个人当月因病假、事假、探亲假、年休假、婚丧假、产假等原因出勤（入井）少于部门或单位所定工数的（正常脱产培训学习或因公外出的除外），个人奖励不兑现，但伙伴符合部门或单位所定工数的正常兑现奖励。

（四）与行为素养挂钩

（1）凡出现非正常上访、越级上访和集体上访的，上访人员所在的单位当月全员"安全伙伴"奖不予兑现；经责任追究，负有责任的管理部门当月全员“安全伙伴”奖励减兑50%。

(2)未按要求参加“三违帮教”的责任人,当月“安全伙伴”奖励不予兑现。

(3)在当月矿或上级部门抽查应知应会知识或岗位危险源知识时,相关知识掌握不熟练的人员当月不升星级。

(4)对于不服从矿、战线、区队指挥或工作安排的,“安全伙伴”双方均不予奖励。

(5)凡当月“安全伙伴”奖被取消的单位,若全矿伙伴奖加发,则该单位按基准奖励标准兑现。

八、有关要求

(1)充分发挥电视、广播、八矿新闻、微信公众号等宣传载体,层层发动,让职工充分认识到争创星级“安全伙伴”活动的深刻内涵,积极参与其中。同时,与班前安全宣誓、谈心帮教等安全教育有效结合,切实把全体职工的思想统一到集团和矿对安全工作的整体要求上来,把目标和行动统一到矿决策部署上来,一心一意谋发展,凝心聚力保安全。

(2)签订“安全伙伴”协议后,双方互相监督其安全行为、日常出勤和行为素养情况等。当发现对方情绪不稳定、出勤不正常、行为不安全及不正常等现象时,另一方有义务给予提醒、纠正、制止。结成“安全伙伴”的职工,要加强学习和沟通,了解伙伴之间的工作和生活情况,交流安全工作经验,探讨存在的问题和不足,真正成为“工作中的好伙伴、生活中的好兄弟”,互学互帮,共同提高,共保安全。

(3)基层单位要在矿文件的基础上,结合本单位工作实际、岗位实际、人员实际等情况,可自行制订切实可行的“安全伙伴”内部考核制度和细则。考核制度和细则主要在“四挂钩”明确规定范围之内,依据工作性质、出勤工数、总工作量、遵章守纪等情况逐条逐项明确,严格考核,奖罚兑现。单位内部考核办法同时报活动领导小组办公室存档备查。

(4)各单位、各部门每月底要认真组织职工签订“安全伙伴”协议,严禁代签。签订后当月内不能调整,并于每月底最后 1 天前将一下月的“安全伙伴”签订结果报矿领导小组办公室备案,备案后未签订“安全伙伴”协议书的职工不再补签。对未按规定时间报送的单位,对该队的正职和办事员各罚款 300 元。

(5)当月未明确具体生产任务的单位,由相关业务部门安排月度工程量(工作量),并制订详细的考核办法,严格考核,奖罚兑现。每月 3 日前将考核结果报活动领导小组办公室。工程量(工作量)和工作质量考核办法同时报活动领导小组办公室备案。

(6)“安全伙伴”奖励考核实行分级考核,逐级把关,汇总兑现。其中,安检科负责矿井安全管理方面考核,质量办负责安全生产标准化方面考核,计划科负责所有单位生产任务完成情况考核,调度室负责生产事故及矿平衡工程落实情况方面考核,纪委负责督查督办工作及干部入井方面考核,人力资源科和组干科分别负责矿井职工和干部出勤方面考核,群众工作部负责信访稳定方面考核,职教中心负责人员培训方面考核。考核部门要严格履行本部门考核责任,必须明确一名副科长负责。考核结果按照“谁签字谁负责”的原则,经牵头考核部门主管领导签字后,每月 3 日前报领导小组办公室,领导小组办公室负责召开“安全伙伴”考核会。

(7)相关业务部门、基层单位“安全伙伴”奖励考核结果于每月 5

日前报领导小组办公室进行审核、汇总，经审核无误后报矿主要领导审批、签阅，进行发放。各单位必须把“安全伙伴”协议书、考核结果表、发放汇总表作为厂务公开内容进行公示，对未公示的单位，取消该单位正职和办事员当月“安全伙伴”奖励。

（8）不按规定要求和时间上报“安全伙伴”协议书和考核结果的，对科室或基层单位正职罚款500元。凡发现弄虚作假的，第一次取消单位正职和办事员的“安全伙伴”奖，第二次取消该单位全部人员的“安全伙伴”奖。

（9）每月考核兑现后，由纪委牵头相关业务部门对“安全伙伴”奖考核情况进行监督抽查，保证考核兑现结果的真实、合规。

（10）有特殊情况需要考核的，按相关会议纪要或会议决议执行。

（11）因特殊时段、特殊情况需要调整“安全伙伴”奖励标准的，必须办理相关手续，经战线矿长审核签字和争创星级“安全伙伴”活动领导小组研究讨论通过后方可生效。

（12）新进职工上岗一个月后，方可签订“安全伙伴”协议。

（13）对在原单位已签订“安全伙伴”协议书的职工，因工作调动，需在新单位重新单独补签，由单位党、政、工负责人签字，并加盖单位公章后报安检科备案。

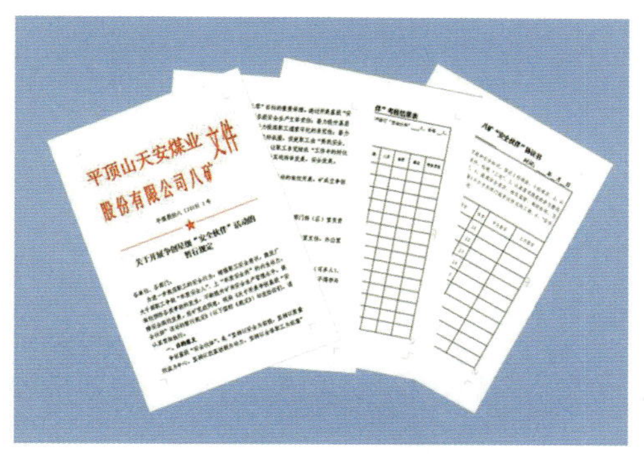

开展争创星级“安全伙伴”活动文件

第二章 『安全伙伴』管理体系的内涵

第一节 “安全伙伴”管理体系的精神特点

“安全伙伴”管理体系是一项重大管理创新，其涵盖着管理的技巧和管理的艺术，有着鲜明的时代特点和精神追求。主要体现在以下三个方面。

更加突出了安全管理的重要性

1.安全是企业必须承担的重大责任

安全生产事关职工群众生命财产安全，事关转型发展成败，事关企业稳定大局，是我们必须履行的重大政治责任，也是必须完成的政治任务，必须作为一条不可逾越的红线抓紧守牢。当前，国家、政府和社会对安全生产事故零容忍的态度越来越坚决，问责力度也越来越大，绝不会因煤矿的特殊性放宽标准。习总书记关于安全生产的重要论述中要求，无论是地方党委还是政府，无论是综合监管部门还是行业主管部门，无论是中央企业还是其他生产经营单位，都必须把安全生产责任牢牢扛在肩上，丝毫不能动摇，一刻不能放松。作为国有煤炭企业，我们不仅要促发展，更要保平安，积极落实安全管理的主体责任，找准定位，把握关键，把落实安全管理主体责任上升到政治高度，严防死守，抓实抓牢，确保实现安全生产。

2.安全是企业发展的最大财富

效益是企业不断追求的目标，良好的效益也是企业生存之本，但在追求良好效益的同时，要坚决守住不发生安全生产事故的底线。实现安全生产是企业发展的无形收入，一旦发生安全事故，轻则受到经济处罚、停产整顿，影响矿井正常生产经营工作；重则关门歇业、无限期封井，社会声誉严重受损，带来的经济效益损失更是难以估量。从矿井内部管理来看，一旦职工出现工伤事故，养伤期间不仅不能给企业带来效益，而且企业还需要支付各类补助费用，安排陪护人员等，大幅增加企业劳动用工成本；从企业长远发展来看，一旦发生较大以上事故，企业就会进入安全生产诚信“黑名单”，期间各种不利政策层出不穷，发展更是举步维艰。据专家推算，一元钱的安全投入，可以有 7 元钱的经济回报；反之，如果企业图一时得利，减少安全投入，靠撞大运组织生产，最终还是在做亏本生意。因此，我们要充分认识到安全工作对矿井效益增长的重要性，抓住这个无形财富，算好安全经济账，推动矿井更好、更快，效益更高的发展。

3.安全就是幸福

中国在世界上公认安全感排行中位列前三，在很多国家，哪怕是发达国家的公民，也因惧怕遇到打劫等问题而不敢深夜出门，而我们任何时候、任何地点都可以放心选择出行，因为安全，所以放心，这就是幸福。对于人类来讲，除了空气与水，安全是第一需求，出现事故轻则皮肉出血，重则断肢缺腿，甚至终身残疾，余生在痛苦中度过。如果发生死亡事故，幸福家庭也将由此破裂。确保安全不仅是我们煤矿人的追求，更是父母妻儿的殷切期盼，没有安全，我们的幸福便无从谈起。特别是作为煤矿单位，由于其井下生产条件复杂性，出现蹭手碰脚现象很普遍，历史上发生群死群伤的重大事故也有很多与煤矿有关，但这绝不能作为我们降低追求安全、追求幸福标准的借口，更应该是鞭策我们确保安全生产、家庭幸福的警示石。

充分理清了安全与生产、效益、发展之间的关系

1.辩证处理安全与生产的关系

就煤矿而言,安全与生产是煤炭开采过程中对立统一的两个方面,安全是前提,生产是目的,安全为了生产,生产必须安全。正确理解与掌握安全与生产的辩证关系,不是只见局部、不见整体,只见树木、不见森林,把安全与生产完全割裂孤立甚至对立的观点。如果片面强调不安全不生产,那么不生产就没有饭吃,要吃饭就必须生产,要生产就必须安全。所以,安全是生产的前提条件,是为了有效保证和促进生产,不安全就不能顺利进行生产;但如果不生产,安全也就失去了存在的意义。在生产过程中,不应单纯地考虑安全和生产到底谁重要,而是要把精力放在整个生产过程中,既要首先保证安全,又要搞好生产,多出煤,出好煤。

2.辩证处理安全与效益的关系

党的十八大以来,中央多次强调以提高发展的质量效益为中心,并作为“十三五”时期我国发展的指导思想,党的十九大进一步强调必须坚持质量第一、效益优先。作为煤矿,我们一切工作的中心是在安全的前提下保证效益,如果没有安全保证,煤炭生产就是一句空话。一旦发生安全事故,不仅直接带来人员伤亡和经济损失,还会影响本矿的正常生产。这一点,我们有切身体会、切肤之痛。由此可见,效益是企业发展的中心和根本,不讲效益强调安全没有意义;安全是提升效益的前提和基础,没有安全就没有效益。摆不正两者的关系,即使效益一时上去了,安全出了问题前功尽弃,一切归零甚至归负;只抓安

全不抓效益，企业就没有经济实力，最终安全也无法搞好。我们必须坚持两手抓，以安全保效益，以效益促安全，不顾此失彼，也不厚此薄彼，而是围绕效益抓安全，把安全做到最可靠，实现效益最大化。

3.辩证处理安全与发展的关系

从我国经济发展看，煤炭作为主体能源，基础产业地位在未来较长时期不会发生根本改变。中国煤炭工业协会预测，到2030年，煤炭占一次能源的比重仍在50%左右。多年来，八矿作为集团骨干主力矿井，作为产业发展的源头，重要性只会更强、不能削弱，地位只会更高、不会降低。但所有这一切都必须以安全为前提，没有安全，所有的努力都将付诸东流，我们的规划、愿望等等一切都将不复存在。2015年天津滨海新区“8·12”爆炸事故后，滨海新区全部危化企业集中到南港工业区，国家更是把石化发展重心转移到广东。可以说，安全不仅影响国家产业发展整体战略，影响一个地区的产业布局，更深刻影响着企业的前途命运。因此，发展一定要以安全为前提，企业发展好了，才能够更好地提升安全保障能力，八矿的“三步走”战略目标才能顺利达成。

深刻践行了“幸福是奋斗出来的、质量效益是干出来的、工资是劳动挣来的”的价值理念

在追求美好生活的征途上，政策托底不能代替个人奋斗，既要有政策托底，又要在此基础上用奋斗创造美好生活。美好生活不是免费午餐，不是天上掉馅饼，更不是一夜暴富、不劳而获，只有埋头苦干、真抓实干才能梦想成真。中国平煤神马集团积极贯彻落实党的十九大对国有企业改革发展的重大部署，担负新时代赋予的重大使命和历史

任务，把企业愿景提升为“具有全球竞争力的世界一流能源化工集团”的同时，与时俱进提炼了开放、包容、感恩、团结的企业品格，更加创造性地提出了“幸福是奋斗出来的、质量效益是干出来的、工资是劳动挣来的”价值理念，不断丰富了企业理念的精神内涵，更加符合企业实际和时代要求，成为激励广大干部职工奋勇向前、拼搏向上的共同价值追求。

幸福是奋斗出来的，体现了从吃饱穿暖到吃得好穿得好，再到更美好的生活的追求。目前，不管是国家，还是集团，抑或是矿井，在改善和保障民生的道路上从未止步，但保障民生，追求美好生活，政策托底不能代替个人奋斗。授之以鱼不如授之以渔，无论是个人前途，还是经济发展，都需要投入聪明才智，都需要付出真诚劳动，如此才能把蛋糕越做越大。正如习近平总书记强调的，“世界上没有坐享其成的好事，要幸福就要奋斗”。说到底，增进民生福祉既要有政策托底，更要在此基础上激发职工群众用奋斗创造美好生活的积极性。

质量效益是干出来的。一分部署，九分落实，奋斗就是实干，实干是成就事业的必由之路。早在 2012 年，习近平当选总书记后第一次地方考察就来到广东，他嘱咐各级领导干部要牢记“空谈误国，实干兴邦”的道理，并指出，全面建成小康社会要靠实干，基本实现现代化要靠实干，实现中华民族伟大复兴要靠实干。坚持“干”字当头，是当前八矿推进高质量发展的真实写照，在坚持以质量效益为中心的大背景下，如何提高质量效益，八矿用“干”诠释一切，以等不起的紧迫感、慢不得的危机感、坐不住的责任感，把“三步走”从发展战略，转化为各项工作的行动指导与实践动力。

工资是劳动挣来的，劳动是劳动者的脑力和体力的支出，是物质财富和精神财富的创造活动，从个人角度看，劳动是我们取得收入、获得生存的谋生手段;从国家角度看,劳动创造了物质财富和精神财富,是人类文明进步发展的源泉。因此,不管从宏观上还是微观上来看,劳动不管是对国家社会发展,还是对人的发展都具有重要意义。作为一个劳动者,吃的每口饭都是自己辛勤的双手劳动挣来的;特别是作为煤矿工人,花的每分钱都是靠血汗换来的,来之不易。因此,八矿更加尊重劳动、尊重职工,让每一位劳动者得到应有的待遇和报酬,让每一分付出得到应有的回报和肯定。

继承了“不忘初心、牢记使命”的精神内涵

为绝大多数人谋利益,是一切共产主义者的初心和使命。这既是国际共产主义运动和马克思主义的逻辑起点,也是共产党和共产党人的实践起点。党的十九大报告把“不忘初心,牢记使命”写入了新时代伟大斗争的政治宣言,指出:“不忘初心,方得始终。而中国共产党人的初心和使命,就是为中国人民谋幸福,为中华民族谋复兴。这个初心和使命是激励中国共产党人不断前进的根本动力。”党的十八大以来,习近平总书记反复重申“不忘初心、牢记使命”的意蕴,在庆祝中国共产党成立 95 周年大会上指出:面向未来,面对挑战,全党同志一定要不忘初心、继续前进,向历史、向人民交出新的更加优异的答卷。在党的十九大报告中开宗明义指出大会的主题是:不忘初心、牢记使命,高举中国特色社会主义伟大旗帜,决胜全面建成小康社会,夺取新时代中国特色社会主义伟大胜利,为实现中华民族伟大复兴的中国梦不懈奋斗。在瞻仰上海中共一大会址和嘉兴南湖红船时指出:“唯有不忘初心,方可告慰历史、告慰先辈,方可赢得民心、赢得时代,方可善作善成、一往无前”。开展“不忘初心、牢记使命”主题教育的目的,就是

为了回顾我们党的光辉历程，特别是建党时的历史，明确新时代肩负的重大责任，增强现实的责任感和历史的使命感，为实现中华民族伟大复兴的中国梦而不懈奋斗。

98年来，我党取得的伟大成就，充分说明不忘初心才能找准方向，牢记使命才能担当作为。学习贯彻好本次主题教育工作，关键在于深刻领会内涵、准确把握实质。

坚持“不忘初心、牢记使命”，就是坚持党的领导核心和政治核心。自从有了中国共产党，中国的面貌才焕然一新，中国人民在中国共产党的领导下实现了民主独立，人民解放，取得了新民主主义革命的胜利，建立了人民自己当家作主的新中国。特别是党的十八大以来，党和国家事业之所以能取得举世瞩目的历史性成就，最重要、最根本的在于习近平总书记这个领袖和核心，在于以习近平同志为核心的党中央的坚强领导。大量的事实证明了“只有共产党才能救中国，只有共产党才能发展中国”绝不是凭空臆想的。开展“不忘初心、牢记使命”，就是要引导广大党员干部把思想和行动统一到党的建设上来，更加坚定道路自信、理论自信、制度自信、文化自信，更加维护好以习近平同志为核心的党中央权威和集中统一领导。

坚持“不忘初心、牢记使命”，就是发扬党的优良传统和过硬作风。时代需要领航，社会需要榜样。我们八矿现有党员1700多名，分布在各个岗位，如何做到“人所能负的责任，我必付；人所不能负的责任，我亦能付”；如何在困难面前大声喊出“跟我上”口号，而不是发出“给我上”命令，归根结底就是需要各级党员干部在守初心、担使命上先行一步，多做一点。开展“不忘初心、牢记使命”主题教育，就是要引导广大党员干部践行入党誓词的诺言，担当党员应有的作为，尽心尽力做好本职工作，保持干事创业、开拓进取的精气神，继承和发扬党的优良传统,在日常的工作和生活中,艰苦奋斗,淡泊名利,无私奉献。

坚持“不忘初心、牢记使命”,就是坚持发展是第一要务。作为煤矿来讲,没有发展一切都无从谈起。八矿作为新中国自行设计施工的第一座特大型矿井,1966 年建矿初期我们没有机会参与其中,但从 2003 年第一次达产,到 2008 年第二次达产,多数都是参与者,共同见证了八矿的辉煌历史。2019 年以来,单产实现 16 万吨突破,3 个工作面完成了以前 5 个工作面才能完成的产量任务,可以说,这一切的一切都离不开发展,都源自我们坚持把发展作为第一要务。而且,我们始终坚持全心全意依靠职工办企业,如果不发展,职工工资就得不到保障;如果不发展,职工将永远摆脱不了三班倒、几乎没有休息日的状况,更谈不上幸福感、获得感。因此,开展“不忘初心、牢记使命”就是要求我们始终坚持把发展作为第一要务,守住为职工谋幸福的初心,担负起做优做大做强矿井的使命。

第二节 "安全伙伴"管理体系的创新思维

"安全伙伴"管理体系是管理制度与精神思想相互交融的时代产物，既体现了"严"的管理，又实现了"稳"的局面；既突出了"干"的导向，又彰显了"情"的关怀。

"安全伙伴"是一项行之有效的安全管理体系

"安全伙伴"管理法以"四个三"为主要内容，主要体现为"三转"保安全、"三聚"保高效、"三打"保出勤、"三促"保和谐。在一年多的实践中，八矿通过应用"安全伙伴"管理体系，在"三转"保安全的情况下，全矿上下在安全管理、安全操守等方面，与现有安全工作要求进行全面对接，逐渐转变和适应了新的安全管理模式，各级干部安全管理意识、职工自保互保意识大幅提升，"三违"起数等创建矿以来历史新低，为矿井高质量发展提供了安全基础。在"三聚"保高效的情况下，各级管理人员、普通职工将本岗位、本单位、本战线、全矿的任务完成与否，作为自己的奋斗目标，积极为矿井生产出谋划策，并在实际工作中做出自身应有的贡献，真正调动起了全矿上下的能动性，为矿井的高质量发展提供了强大合力。在"三打"保出勤的情况下，将公平公正公开贯穿到工资发放上，通过一签二审三对照，对不上班、上花班、出工不出力人员进行全面的打击，对干好干坏一个样的"大锅饭"现象进行全面打破，对真出勤、实在干、有付出的职工实现工资与劳动成效对等兑现，全面打动此类职工，为矿井高质量发展营造良好的干事创业氛围。在“三促”保和谐的情况下，通过督促干部职工学习新时代道德标准、树立身边楷模、表彰典型事迹，使广大干部树立正确的人生观、价值观、世界观，把社会主义核心价值观的理念根植到广大干部职工心中，为矿井高质量发展提供精神动力。

“安全伙伴”体现了正向激励的优越性

习近平总书记在全国组织会议上指出：“要建立崇尚实干、带动担当、加油鼓劲的正向激励体系。”正向激励体系通过肯定和褒扬等积极态度，以物质奖励与精神奖励相结合的方式推动广大干部的积极性。就当前煤炭形势而言，各项考核措施陈旧固化，特别是八矿作为国有大型企业，人员众多、管理复杂，多数考核机制均为负向激励，急需要通过正向激励破除干部的畏难情绪、激发干事激情，破除职工的扯皮态度，增强价值认同。“安全伙伴”管理体系主要通过正向激励来激发干部职工的争胜心，不仅每月拿出专项资金进行奖励，而且在此基础上实行了累计“升星”措施，同时视矿井发展好坏、视单位完成任务好坏、视职工表现好坏等情况，进行不同程度的加发或减兑。“钱给了，能不能拿到是个人的本事，是团队的本事”，不仅能满足干部职工的物质经济的需求，还能增强其对自身的认同和对企业的信任，也营造了干事创业的氛围，干部职工队伍建设走出了一条更加具有时代特点的新途径。

“安全伙伴”极大地刺激了生产的积极性

生产积极性是指一种机制，这种机制可以是单纯的心理机制，也可以是社会机制与心理机制的组合，总之，这种机制是把人投入生产劳动的热情，人生产劳动的努力程度同人感受到的快乐或痛苦数量之间建立起了一个联系。生产积极性对于不同社会形态，有着不同的生产积极性机制。就当前社会来看，对生产积极性影响最大的因子是金钱，获得金钱收益最大化也是刺激生产劳动的最大动力。“安全伙伴”管理体系的根本是以伙伴为载体，关键是推出了“安全伙伴”奖励，奖励的金额高于之前任何一项抵押金所兑现奖励，把蛋糕做大，形成吸引力。而且，“安全伙伴”奖励还具有递增趋势和翻倍政策，这也是以往其他奖惩办法所不具备的关键特性，在循序渐进的过程中，潜移默化地影响着职工的积极性，让职工逐步认识到干与不干不一样、干多干少不一样、干好干坏不一样，只有干才能得到收获；让职工深刻认识到不管是国企还是私企都是不养闲人的，“大锅饭”已经成为历史；让职工亲身感受到自己的努力程度和收获之间的正比关系，干得越多、得到越多，收获也会越多。

“安全伙伴”推动了管理方式的深层变革

管理创新对一个国家、一个民族来说，是发展进步的灵魂和不竭动力，对于一个企业来讲，就是寻找生机和出路的必要条件。从某种意义上来说，一个企业不懂得改革创新，不懂得开拓进取，它的生机就停止了，这个企业就要濒临灭亡。近年来，八矿坚持创新管理不止步，陆续推出了一系列创新举措，但开展“安全伙伴”管理体系建设，是推动创新管理由行的概念向质的转变，以一个体制机制上的创新，带动安全、生产、经营、和谐稳定等多方面的集体创新，以星星之火可以燎原的姿态，推动矿井各项管理的深层次变革与发展。而且，“安全伙伴”管理体系不仅把管理创新作为推动矿井改革发展的重要保障和有力支撑，更是针对当下发展时期特性，不断强化制度建设探索与应用。从党建到行政，八矿首次编印《八矿管理制度汇编》，而“安全伙伴”管理体系都可以与其进行有效结合、密切配合，矿井管理制度逐步在更加科学、更加接地气的过程中完善建立起来，一方面形成了与矿井高质量发展相匹配的管理体制机制集群，另一方面也让其发挥了应有的积极作用，为矿井实现第三次达产 405 万吨提供了坚强的有力保障。

“安全伙伴”实现了生产结构的重大转变

多年来，八矿作为集团煤炭板块主力矿井，承担着集团公司发展重任，但受限于瓦斯等各类灾害制约，以及近年来跌宕起伏的煤炭市场价格影响，矿井一直未走出点多、线长、面广、井下作业人员多及安全基础薄弱等困境，瓦斯防治手段单一，治理进度慢、效果差；采掘装备相对落后，单产单进水平较低；井下人员配置失衡，采掘一线缺员、老龄化严重等。特别是受前期煤炭形势下滑影响，区域瓦斯治理、采区下延工程和设备更新滞后，导致采掘接替失调、生产事故偏多、人均工效较低，严重制约着矿井高质量发展。

针对以上问题，八矿在新一届矿党政班子的正确领导下，及时统一思想，认真组织调研论证，大胆进行改革创新，创新开展了“安全伙伴”管理体系，不仅保持了安全稳定发展态势，同时“安全伙伴”奖励极大刺激了全矿上下的工作积极性，单产单进水平大幅提升，为开展"一优三减"工作提供了重要保障。特别是实施了"三步走"发展战略，谋划了"三区三面"发展布局，制定了"停丁组、缓戊组、先己组"开发方案，及时转变"广种薄收、东方不亮西方亮"的思想观念，在全矿上下达成"以破解瓦斯解放生产力""以合理集中生产助推矿井高质量发展"的普遍共识，强力推进"一优三减"，持续提升"四化"水平，加快破解瓦斯瓶颈，努力提高人均工效，统筹推动优布局、调结构，提质量、增效益，勇创新、促发展等各项工作，加快建设集团首个500万吨级智慧矿井。

2019年八矿"一优三减"工作实施前后效果对照表

序号	主要指标	实施前	实施后
1	产量(万吨/年)	340	405
2	销售收入(亿元/年)	17.0	24.15
3	利润(亿元/年)	0	3.36
4	生产采区(个/年)	9	5
5	采煤工作面(个/年)	4.6	3.1
6	突出采煤工作面最高单产(万吨)	8	16.5
7	最高班产(吨)	5700	7150
8	最高日产(万吨)	1.46	1.87
9	突出实体煤巷平均单进(米/月)	60	120
10	采掘队伍调整(个/年)	0	-3
11	原煤生产人员(人)	5500	4200
12	最大单班入井人数(人)	1020	720
13	全员工效[吨/(人·年)]	450	600

第三章 『三转』保安全

安全是荣誉、是效益、是责任、是生命。党的十八大以来，以习近平同志为核心的党中央多次强调“人命关天，发展决不能以牺牲人的生命为代价，这必须作为一条不可逾越的红线”。党的十九大后及两会政府工作报告中，党和国家再次把民生摆在了更加重要的位置，也提出了安全是最大的民生等口号。作为煤矿企业，安全是“点击率”最高的词汇，是所有工作的基础，且贯穿于生产、经营等各个方面。

煤矿作为高危行业，天天讲安全、天天抓安全，但近年来煤矿安全事故仍未杜绝，伤亡人数相对其他行业居高不下。抓好安全管理工作，关键在于转变，转变原有的“只听楼梯响、不见人下来”的思想观念，转变原有的“棍棒之下出才子”的管理方式，转变原有的“保证自己屁股不挨打”的工作态度。

第一节 转思想

着力解决当前煤矿职工,特别是老矿井职工,自认为经验丰富,造成习惯性违章高发等现状,通过转变思想观念,提升对安全工作内涵的深刻理解,确保思想上认可安全、重视安全,筑牢安全生产的思想防线。

一、以安全造就财富

作为一名煤矿工人,每天接触最多的信息词汇是安全,被灌输最多的思想观念是任何时候都要实现安全生产。但绝大部分矿工兄弟对安全概念的认知都很浅显,认为不发生人身伤亡事故就是安全,对实现安全生产带来的福利,还仅仅停留在矿井生产不受影响、个人身心不受伤害等方面,思想认识上还不够深刻,久而久之就会淡化、弱化,而安全事故发生往往就是从思想上的麻痹和粗心大意开始的。

人都有侥幸心理,通过他人事故案例进行警示教育不够深刻。“安全伙伴”管理体系,为每名职工设立一块“安全伙伴”奖励,真正把安全和职工切身利益捆绑起来,让职工真正在确保安全的同时,能够拿到实打实的实惠,通过物质激励,提升职工对安全工作重要性的认识,而不再是靠管理人员苦口婆心的教育,变被动为主动。通过“安全伙伴”管理体系转变安全观念,重点是明确安全带来的实惠,通过小实惠赢得矿井大实惠,最终实现企业与职工互利共赢。

延伸阅读

“杨凯强当月出勤 25 个、无违章违纪,获得‘安全伙伴’奖 1530 元;牛火强当月出勤 25 个、无违章违纪,获得‘安全伙伴’奖 1530 元。”4 月 9 日,在班前会上,八矿掘进二队相关负责人公布了 3 月份该队“安全伙伴”奖的获奖情况。当念到杨凯强和牛火强时,大家纷纷向他们投去了惊讶的目光,并为他们鼓掌。

以前,牛火强每月出勤都不多。3 月初,牛火强所在班的职工签订“安全伙伴”协议时,班里没有人愿意与他签。这就意味着牛火强每月最少损失 1000 多元,他心里非常着急。

该班班长薛军涛找到牛火强,对他说:“兄弟,你只要好好干,保证每月出勤在 21 个以上,我就与你签‘安全伙伴’协议。”牛火强说:“班长,我保证每月最少上 23 个班,争取让咱俩每月都拿到‘安全伙伴’奖。”

在 3 月 21 日四点班的班前会上,薛军涛发现牛火强的状态有些反常,好像有心事的样子。会后,薛军涛把牛火强叫到一边。经询问才得知,牛火强的爱人因病住院了。

得知这一情况后,薛军涛为了让牛火强安心工作,就让自己的妻子去医院照顾牛火强的妻子。牛火强当月上了 25 个班,不仅拿到了“安全伙伴”奖,还拿到了 1000 元的全勤奖。牛火强非常感激薛军涛。

“工人最大的愿望无非就是想增加自己的收入,提高生活质量,但这都要建立在安全的基础上。这种既能多挣钱又能保证安全的好制度,真是太好了。”现在,牛火强经常和工友这样说。

2019年前8个月，八矿签订“安全伙伴”协议4.7万多人次，累计发放奖金2100多万元，其中因安全态势平稳、生产任务完成较好加发400多万元，加发比例达到20%，极大调动了职工的生产积极性，在人均工效较去年同期提高16.5%的情况下，“三违”率大幅降低。

启示

正所谓，生命是地球上最珍贵的财富，世界因生命而精彩。然而，人生并非总是一帆风顺，人生旅途中难免遭遇事故。一个人的人生，安全是最前面的“1”，不管是事业、家庭、财富都是后面的“0”，一旦安全这个“1”没有了，整个人生也就清零了。

“安全伙伴”管理体系就是将“安全是人生最大财富”具体化，不仅让职工意识到安全这个“1”的关键，更是将“1”放大到“2”或者“3”，乃至更大数字，真真正正让职工感受到安全带来的福利。

二、以安全造就荣誉

做到安全是本职，做不到安全是失职。煤炭工业由于其在国民经济和社会发展中的重要地位，煤矿职工一直备受尊敬。但随着国家改革发展步伐加快，各种新兴产业如雨后春笋，被人们誉为“特别能吃苦、特别能战斗”的煤矿工人也备受冷落。特别是，当前党和国家高度重视煤炭安全工作，没有因为煤矿高危行业特殊性而放松其安全管理，反而在煤矿安全事故上处理处罚更重。

“安全伙伴”管理体系，就如何唤起煤矿职工在参与矿井安全建设方面的自豪感、荣誉感，进一步调动起职工参与安全管理的积极性方面,实行了奖励星级逐月递增机制,1 月份为 1 星,以此类推,逐月递增,全年为 12 星“安全伙伴”。井下直接单位所有人员逐月递增 25 元,井下辅助单位所有人员逐月递增 15 元,地面单位所有人员逐月递增 10 元,机关科(区)室所有人员逐月递增 10 元。

这每一枚“星”,就像军功章一样,不仅带来金钱上的奖励,更代表着每位职工自身和所在单位在安全管理方面所付出的努力。

延伸阅读

得了就不想丢的原因是该矿实行星级“安全伙伴”奖励逐月递增制度。星级“安全伙伴”活动提高了职工的安全意识,激发了职工工作的积极性,还在全矿上下引领起一群“追星族”。

基层单位“安全伙伴”每月可得 1 星,但如果当月被取消或减兑“安全伙伴”奖,不仅当月递增奖没有了,次月奖金标准还要按基础月度标准执行。井下直接单位、井下辅助单位、地面单位“安全伙伴”每得 1 星奖励分别增加 25 元、15 元、10 元。

该矿开拓三队已经连续 9 个月实现安全生产无事故、职工出勤率高、生产任务达目标,所以该队的“安全伙伴”已升至 9 星级,并得到了相应的奖励。

正因如此,现在该队职工都格外小心。

“9 星级来之不易,我们现在不光盯着自己的‘伙伴’,也盯着其他人。”该队职工史宪松说。因为是 9 星级,他和伙伴朱安现在每人每月可以拿到 800 多元“安全伙伴”奖金。“要是队里安全生产没抓好,或者我和朱安其中一个人违章了,那这 8 星可就清零了,损失的不仅是金钱,更是荣誉。”史宪松说。

在该矿,有这样心态的不光史宪松一人。在这一心态的驱动下,矿井规范生产变成每名职工的需求。

启示

真正光荣的是能够遵章守纪、严格践行安全制度、防患于未然、能够化险为夷的人。煤矿行业长期与大自然作斗争,秉承的就是“安安全全上班来、平平安安回家去”。但由于其作业环境的特殊性,常常给安全生产带来很多不确定因素。在这种特殊的环境下,如果能够在安全前提下为企业和家庭带来收益,必然成为同事和兄弟姐妹中的安全标兵,让大家跟着你干踏实、跟着你走放心。

“安全伙伴”管理体系实行星级递增机制,就是让那些生产中的“安全标兵”不仅能够做到“三不伤害”,增加其荣誉感和自豪感,得到社会、企业和人们的尊敬和认可,最终实现安全、受益、荣誉“三丰收”。

三、以安全造就信任

人与人之间最重要的是信任,特别是涉及财产安全、生命健康等方面。煤矿井下由于其环境复杂性、特殊性,互相信任、互报平安显得尤为重要。基于以上原因,煤炭行业最早在职工中推出安全互保联保制度,主要内容是:不伤害他人,不伤害自己,不被别人伤害,保护他人不受伤害,要求任何组织中的每个成员都是团队中的一分子,要担负起关心爱护他人的责任和义务,不仅自己要注意安全,还要保护团队的其他人员不受伤害,这是每个成员对集体中其他成员的承诺。

一个人安全不算安全,大家安全才是安全。许多矿工同吃同住同行，建立起了深厚的感情，矿工情不亚于战友情、同学情。“安全伙伴”管理体系，在基于互保联保制度上进行拓展，结合矿工之间，特别是同单位、同班组，甚至是同岗位之间的信任和感情，对互保联保对象进行细化、明确，最终签订“安全伙伴”协议书。“你安全不安全和我有关系”，用这份职工兄弟之间的信任，构建起安全管理的第一道防火墙。

延伸阅读

最近，八矿开展的争创星级“安全伙伴”活动，不仅提高了职工的工资，还改变了职工孙虎一家的生活方式。

孙虎每天在井下工作，他的妻子丁丽娟整日提心吊胆，只要孙虎下班没有按时到家，丁丽娟就会不停地给他打电话。

在争创星级“安全伙伴”活动中，孙虎有了个细心的“安全伙伴”夏治国。“以前，他上班对我来说就是一种煎熬。他每天下班只要没有按时到家，我就会坐立不安，非常担心。尤其是他上四点班时，不管多晚，我都会等着他。为了不让我担心，他只要一下班，就会第一时间给我打电话报平安。”丁丽娟说。

如今，丁丽娟悬着的心放下了，有空的时候还会出去旅游散心。

“孙虎，你工作时千万要注意安全，这不仅关系着你和家人的幸福，还跟咱俩的工资挂钩，你要时刻紧绷安全弦。”

“放心吧，我一定提高警惕，你也要注意安全。”

孙虎和夏治国每天都会互相叮嘱对方注意安全。

争创星级“安全伙伴”活动还让职工得到了实惠。

该矿下发的《关于开展争创星级“安全伙伴”活动的暂行规定》明确指出，只有“安全伙伴”双方月月保证安全，才能领到“安全伙伴”

奖。为了拿到“安全伙伴”奖，孙虎和夏治国每月都严格要求自己，保证安全生产。他们两个人如果看到对方有心事，就会主动找对方谈心，保证对方上班时心情舒畅。

启示

“战场上，能把后背交给战友是莫大的信任。”而工作生活中，虽然没有战场上如此危险的环境，但能把自身的安全交给自己的伙伴，没有一定的信任是无法做到的。当你自己都管不住自己的安全时，没有人愿意把自身的安全交给你。

特别是，结成“安全伙伴”的出发点是自愿，任何人不得干预，不仅给双方带来沉甸甸的责任，更体现了相互之间极端的信任，这种对生命安全的信任不是其他事物能够代替的。

第二节 转方式

着力解决企业管理方式单一、手法老旧等现象，特别是当前以负激励为主的煤炭行业，在职工习惯被管理的大氛围下，通过管理创新，不仅为矿井发展注入一股清流，也潜移默化改变了矿井各个方面的管理方式，最终形成一种独具特色的企业文化。

一、变负向激励为正向激励

煤矿由于其特殊性，前期劳务用工门槛较低，职工素质参差不齐，正向激励管理没有负向激励管理来的效果明显，所以许多管理制度也多以负向激励为主。老工人常说，五六十年代的煤矿，区队管理全靠骂，队长从机巷到风巷，一边骂一边安排活，但效果却异常的好。

随着时代的发展，职工文明素质、维权意识不断提升，煤矿工人更渴望有尊严的工作，负向激励政策的效果就越来越弱，甚至在管理中造成反面影响，正向激励的优越性就更加显现出来。正向激励是通过制定一系列行为标准及与之配套的物质奖励、精神奖励等，鼓励职工更加积极主动工作的一种管理方式。正向激励以激励、褒扬等方式为主，一般分为物质奖励和精神奖励。

“安全伙伴”管理体系就是典型的正向激励，明确奖励内容、划定兑现原则，能不能拿到这笔奖励看职工能不能遵守相关规则，能不能拿到要看自己本事，让职工减少对矿、区队、安全监管人员的抵触心理，更加有利于形成良好的风气，提高管理水平。

延伸阅读

小杨是该矿掘进二队的职工。以前，小杨安全意识薄弱，经常因为违章被罚款，但是罚得再多，也没有让他彻底改掉习惯性违章的毛病。2019年初，该矿开展“安全伙伴”星级管理活动时，该班许多职工不愿与小杨签安全合同。最后，该班班长找到小杨，和他结成了“安全伙伴”。

“小杨，我和你结伙伴，说实话也是担着风险的，你可千万别给我掉链子。”班长叮嘱道。在平时的工作中，班长经常叮嘱小杨注意安全，督促小杨干好工作，小杨也深受感动，认真学习安全知识，在施工中按章操作，干劲十足。他下定决心，一定要干好工作，再也不为班组和区队丢脸。

6月7日八点班，小杨下班走到戊9.10-21070风巷三部输送带时发现，输送带机头有三根锚网顶梁被压弯，便立刻通知班长，避免了事故发生。

启示

人的一生，从步入学堂拿到一百分被家长夸奖“真棒”，到躺在病床上被亲朋好友鼓励“会好起来的”，都发自内心渴望被肯定、被鼓励。处罚不是目的，不管是正向激励还是负向激励，对追求结果的目标是一致的。但追求结果的过程带来的影响却是截然相反的。当获得成功时，负向激励使人松一口气，而正向激励使人士气大涨；当遭遇失败时，负向激励容易使人心灰意冷，而正向激励反而激发查找不足、再次进步的斗志。

“安全伙伴”管理体系不仅坚持问题导向，更注重过程带来的影响和效果，引导职工积极向上的工作态度。

二、变安全监管为伙伴提醒

按照《安全生产法》要求，任何企业都必须配置安全管理人员，较大型企业必须成立专门的管理部门。作为煤矿职工，对安全管理人员再熟悉不过，许多井下工人对安监员非常惧怕，甚至是避而远之，生怕一个行为不规范，罚单就从天而降。这种关系最终很容易演变成猫和老鼠的关系，非常不利于矿井安全管理。但在实行“安全伙伴”管理后，矿井逐步取消“现场买单”等制度，一切职工安全行为与“安全伙伴”奖励挂钩，管理重心、管理方式实现了转变。

结成“安全伙伴”的职工绝大部分都是长时间在一起工作，甚至私下生活上也有诸多交集，对彼此工作生活状态、岗位变化情况更加了解，伙伴之间的监督和提醒，实现了安全管理随生产作业环境改变而改变，实现了全矿安全管理的人盯人全覆盖，这是安全管理部门所不能达到的效果。而且，在监督和提醒时彼此也更加易于接受，更加符合现场实际。

延伸阅读

“师傅，这个地方有水，小心。”“好，我知道了。你也注意安全。”6

月17日，在己16.17-22060风巷，八矿掘进三队维修工李钊和他的徒弟杨天宝一边走一边相互提醒。

“这可不是闹着玩的，我和师傅是‘安全伙伴’，如果我们两个人中的任何一个人违章了，都会连累对方的。”杨天宝说。

随后，他们两个人来到工作面。他们的主要工作是检修掘进机和锚杆机等设备。

检修完毕，两个人启动机器试运转，一切正常。这时，李钊关掉了风阀门，而杨天宝则准备拆除锚杆机的风管。李钊看到后突然说：“停，别拆！”

杨天宝先是一愣，然后才想起来，原来还没有放风。“不放风，风管会甩到人的。你忘了吗？”李钊说。

“哎呀！今天多亏了你。不然的话，这个月的‘安全伙伴’奖就没了。”杨天宝说。

“不但‘安全伙伴’奖没了，咱们的‘安全星级’递增奖也没了。”李钊说。

“是呀，咱们好不容易到‘三星’了，不能功亏一篑啊。”杨天宝笑着说。

启示

千里之堤毁于蚁穴，小隐患如果放任不管最终会酿成大事故。企业安全管理仅靠管理层和安全监管部门的付出，很容易补了东墙忘西墙，也不能把安全监管延伸到企业的神经末梢。致使上面抓得紧，下面不在意，费了很大劲，效果不明显。

“安全伙伴”管理体系，让所有职工从被监督人员变成了安全监督人员，在工作中坚决做到对不安全行为说不，真正进入了全员监督提醒时代，实现了安全监管无盲区，大大减轻了企业的安全管理压力，更直接的提升职工的安全意识。

三、变制度管人为文化育人

长期以来，我国煤炭企业安全生产管理较为粗放，在管理上创新不足，一方面是受限于煤炭地下赋存条件，一方面是受制于煤炭开采比较滞后的技术装备水平，最终形成了传统思想观念影响。正所谓，一流的企业管理靠文化，二流的企业管理靠制度，三流的企业管理靠人。目前，绝大部分煤矿企业已经实现了由靠人管理转变到靠制度管理，个别企业实现了靠文化管人，但还有很大一部分企业是靠制度管人。什么是文化，文化就是习惯，好的习惯就是优秀文化。

开展“安全伙伴”管理体系建设，就是探索新的安全管理模式，在国家法律法规、上级安全管理制度的框架内进行管理方式上的创新，变制度落实上的“硬指标”为“软着陆”，以新颖的管理模式吸引职工眼球、凝聚职工的共识，努力在创新安全文化的熏陶下，潜移默化的改变职工看惯了、干惯了、习惯了的生产作业方式。

延伸阅读

通过一年多的实践和应用，“安全伙伴”管理体系已经从一项管理制度转变为企业文化，职工干什么事情首先考虑是否会影响自身和伙伴的“安全伙伴”奖，日常讨论多、议论多，在全矿营造了“比、学、赶、帮、超”和谐发展的环境，调动起各方工作的积极性。

“王哥，听说你这个月‘安全伙伴’奖翻倍了，得了1800元，光这一项都快顶上地面工资了，不请客吃个饭?”

“这不是单位完成任务了吗？而且，咱是良民，又没有违章作业，肯定拿的高啊!”

“别说那些没用的，先把中午这顿饭落实住。”

“请啥饭啊，嫩嫂子知道我现在工资高，工资卡给我没收了，一个月就给我几百块钱零花钱，哈哈!”

这一幕，发生在八矿入井口的文化长廊下。自从该矿开展争创星级“安全伙伴”活动以来，广大干部职工将“安全伙伴”奖励高低作为茶余饭后的谈资，作为“攀比”工作好坏的依据。

在浓厚的文化氛围下，职工心情舒畅，更容易安全完成单位和上级交办的各项任务。

八矿安全承诺签字活动

启示

文化是一个民族的精神命脉，也是一个企业的灵魂。制度的管理就是通过前期的强制约束，将规范的行为融入到职工的血液中，形成自然而然的行为准则，最终变成企业的管理文化。

“安全伙伴”本身就是一种企业文化的雏形，而且通过不断的探索与完善，形成了一套既有利于企业管理，又有利于培育企业文化的重要载体。它不但能约束人、教育人，更能够引导人，更重要的是能够赢得人心、留住人心，最大程度地让职工和企业融为一体，最大限度激发职工工作热情。

第三节 转行为

人的行为在安全生产过程中起着决定性作用，据有关统计，行为不规范是造成安全事故的主要原因。通过转变行为，转变了职工个人的行为，进一步落实岗位责任，按章操作；转变了干部队伍的行为，进一步提高执行力，当好表率；改变了工作的环境，进一步提升矿井安全生产标准化水平，根除事故滋生的土壤，最终实现本质安全。

一、转个人行为，强化安全生产责任制落实

岗位责任制是企业运行的基础，增强了企业各级负责人员、各职能部门及相关工作人员和各岗位生产人员的安全意识，明确了安全生产中应履行的职责和应承担的责任，充分调动了各级人员和各部门在安全生产方面的积极性和主观能动性。通过安全生产责任制的贯彻落实，使各级人员真正重视安全生产工作重要性，对预防事故和减少损失、进行事故调查和处理、建立和谐社会等具有重要作用。特别是，《安全生产法》中也明确规定“矿山企业必须建立、健全安全生产责任制。”

落实安全生产责任制是矿井抓好安全管理的重要保障，但煤矿受限于独特的地下生产环境，自动化程度低，劳动用工居高不下，落实好各个岗位责任制难度巨大。如，当前八矿在册职工 8000 多人，共分 11

个战线,地面和井下累计各类岗位较多,且每个岗位都有各自的安全责任制。为进一步落实岗位安全责任,八矿提出了安全管理"五个责任",即施工单位的主体责任、业务科室的业务保安责任、安监部门的监督检查责任、各级干部的领导责任、全体干部职工的岗位责任。对责任落实情况与"安全伙伴"相挂钩,进一步提升干部职工对自身岗位责任制落实的积极性,实现安全生产责任制落实全覆盖。

延伸阅读

冯国强和李双峰都是八矿监测队瓦斯检查员,且在同一个班。他们在生活中是好兄弟。今年,在该矿开展的争创星级"安全伙伴"活动中,他们又签了"安全伙伴"协议,从生活中的好兄弟变成了安全上的好伙伴。

6 月的一天八点班,冯国强去某采煤工作面盯岗。这个工作面需要采取防突措施。当班班长找到冯国强,想让他在检查时别那么严,稍微"放点水"。冯国强听了断然拒绝,不高兴地说:"绝对不行,俺伙计知道了也不会放过我。如果出了事,不但我会被罚,还会连累他。"随后,在冯国强的监督下,当班班长严格按规定对工作面采取了防突措施。

李双峰也是个固执的人。前几天,他在丁四采区的一个掘进工作面盯岗时发现迎头的风筒末端距离掌子头超过了 10 米,便立即通知当班班长赶紧连接风筒。当班班长却不以为然地说:"这里瓦斯不大。我这会儿正在忙,等会儿放完炮再接也不迟。"李双峰一听,反驳道:"我们不能有丝毫侥幸心理,风筒必须马上接好。"说着,李双峰拿起电话准备向上级汇报。当班班长这才慌了,赶紧压着电话说:"好好好,我先接风筒就是了。”随后，他带领几名职工迅速把风筒连接好。李双峰检查后才允许他们爆破。

自从签了“安全伙伴”协议，冯国强和李双峰互相较劲儿，哪里有困难，就往哪里去。他们还彼此叮嘱，千万要注意安全，别做违章的事。有一次，冯国强被分配到自己亲戚是班长的工作面盯岗。李双峰担心他会“手下留情”，便自告奋勇地要求两个人交换工作面，保证防突措施不“打折”。

启示

个人的安全行为直接影响着一个区队，乃至一个企业的安全生产，再全面的管理制度，在个人身上得不到有效遵守，也将是白纸一张，更起不到保安全的作用。发挥好制度在安全生产上的保障作用，关键是要体现在落实上。

班组是安全的第一道防火墙，实际情况中，落实岗位责任制更能发挥出防范安全事故的超前性和稳定性。落实岗位责任制就安全上来说是实现安全生产的第一防线，就生产上来说是保证生产力有效释放的基础工作，就个人发展来说是干好本职工作的第一要务，必须不折不扣落实落细。

二、转干部作风，提升安全管理执行力

安全之要，贵在落实；落实之本，重在执行。正所谓，群众看党员，党员看干部，抓好党员干部这个“关键少数”，对做好安全生产工作至关重要。如果领导干部认真负责，创新管理，及时贯彻上级会议精神

和安全法规条例,并结合单位实际进行详细安排部署,就能保障安全生产的顺利进行。反之,如果领导干部在安全工作中,敷衍了事,马虎行事,重生产轻安全,到头来只会损害企业利益,危害职工生命安全。

执行力是抓好安全管理工作的关键所在,执行力就是战斗力。八矿为提高各级干部和管理人员执行力,要求必须树立"三个站位",即站高一位,提升大局意识,使自身视野更加开阔,系统谋划各项工作;站位本职,强化责任意识,以高度的使命感、荣誉感,尽心尽力干好本职工作;下站一位,深入基层一线,摸清基层工作现状,确保各项制度措施符合现场实际。

"安全伙伴"奖励干部与职工不一样,干部比职工拿的多,也反映出了其在承担安全生产责任上的差异,要求各级干部和管理人员在抓现场工作落实上涉及更广、付出更多。因此,必须摆正态度、正确看待,积极承担自身责任,并坚定不移抓好落实。

延伸阅读

当队长,就要当一名合格的队长

李东艳是八矿综采三队队长,一年来的努力,让他获得了2019年度河南省五一劳动奖章。

综采三队管理的己15-15030采煤工作面,承担着2019年全矿近三分之一的生产任务,但因顶板破碎严重等原因,月产量总是徘徊在5万吨左右,而且每月使用固安特60多吨,花费高达三千多万元,被戏言"一个采煤工作面救活了一个固安特厂"。

2019年5月9日,李东艳临危受命,被任命为综采三队队长。面对困难,想都是问题,干才有出路。这期间,李东艳一星期至少下6个井，并通过打连班，了解各生产班之间工序衔接问题，在采煤工作面最长待了 33 个小时，一个月足足瘦了十几斤，最终病倒了。但李东艳依然坚持白天下井，晚上打点滴，继续奋战在一线。通过不断摸索，最后完成了破碎顶板安全高效回采技术的攻关，并成功召开集团公司现场会，为集团公司破碎顶板治理提供了宝贵的经验，填补了相关技术空白。攻关后产量逐月攀升，最高月单产达到 15 万吨，创八矿己组煤单产纪录，实现了固安特零投入，仅固安特一项每月节约成本一百多万元。

同年 8 月份，该采煤工作面采煤机导向滑靴磨损严重需要更换，用碰锤和千斤顶等几种常规方法拆除销子都没有效果。如果将采煤机行走部整体升井处理，最快也要 40 个小时，影响出煤一万多吨。李东艳当时在现场，急脾气一上来，“不行咱就用大锤砸，我还就不信了。”“我先砸 50 锤，拆不掉，我负责，开始砸。”现场 25 个人，排着队，轮番上阵，经过 4 个半小时的努力，砸坏了两把大锤，终于将销子拆掉，按时完成了任务。

同年 7 月份，李东艳时隔一年多见到了千里之外老家来平顶山看自己的父母。但当时正值采煤工作面攻关时期，李东艳一直吃住在矿，没有回家。父母住了十来天，还没见到自己儿子，最后父母要回老家了，才抽空陪父母吃顿中午饭。

李东艳心目中的干部标准是：大事面前，干成事就是合格；急事面前，能干事就是合格；平常日子，想干事就是合格，既然当队长，就当一个有担当的合格队长。

启示

“历史是由多数人支撑着，由少数人推动着，而这个少数都是各个领域的领导者",虽然至今这一论断仍只是坊间流传,但也间接说明了"关键少数"在发展中的重要性。不管是党的建设还是企业发展,都强调要抓好党员干部这个"关键少数"。

干部抓的是全面,职工负的是具体责,特别是在区队、班组管理上,好的区队长、班组长往往在现场生产组织中发挥着至关重要的作用,使团队无论什么时候都有信心、不管什么困难都有办法,更重要的是以身作则会极大调动整体团队的战斗力。

"安全伙伴"管理体系是全员参与,干部也需要签订"安全伙伴"协议,让干部明白,在事关企业生存发展的问题上,谁都不可能置身事外。

三、转工作环境,夯实矿井安全管理基础

安全生产标准化是矿井的基础工程,加强矿井安全生产标准化建设,是控制、防范,甚至杜绝零星事故的关键,是解决安全生产系统性风险的迫切需要,也是构建安全生产长效机制的重要内容,安全生产标准化工作好坏事关矿井发展质量高低,事关企业形象好坏,事关职工生命健康。受历史客观因素影响,前期八矿井下点多、线长、面广,个别偏远地点达标水平差,造成矿井整体达标水平较低。近年来,通过全矿干部职工的共同努力,八矿率先建成了第一批国家一级安全生产标准化矿井,井下环境发生了翻天覆地变化。

为进一步巩固创建成果,进一步提升矿井整体达标水平,真正实现矿井的本质安全。八矿取消了质量标准化抵押金制度,实行安全生产标准化奖励制度,把奖励由单位党政正职扩大到单位班子成员,进一步提升安全生产标准化工作积极性。同时,依托"安全伙伴"奖、标

准化奖励和干部绩效考核，实施了“三旬”考核制度，即对单位管理区域上旬未达到标准的，取消“安全伙伴”奖；中旬未达到标准的，取消标准化奖励；下旬未达到标准的，管理干部绩效考核扣20分。达到标准的正常兑现，成功创建矿“三星”达标示范区的奖励翻倍兑现，充分调动起各级干部和管理人员抓安全生产标准化工作的积极性，矿井井上下环境得到显著改善。

延伸阅读

八矿以“四个强化”推动矿井整体达标水平

一是强化达标意识。坚持把安全生产标准化作为矿井安全管理的基础工作来抓，充分利用电视、广播、微信公众号等载体，大力开展“自主达标、主动而为，不等不靠、争创示范”系列达标活动。坚持把安全生产标准化知识纳入全员培训，并结合不同岗位、工种，有针对性地开展培训教育。全年举办各类培训班52期，培训职工6730人次，实现了井下职工达标培训的全覆盖。创新教育载体，丰富职工手机微信安全知识有奖竞答题库，组织职工累计答题38万人次，实现了日常教育常态化。

二是强化示范引领。充分发挥先进典型的模范带头作用，积极开展创先评优活动，不断提升全矿干部职工达标工作积极性。提升“三星”创建内涵。从“管理达标、行为达标、工程达标”入手，积极开展“三星”达标示范区创建工作。2019年，3个采煤工作面、3个掘进工作面、3条胶带运输系统成功创建“三星”达标示范区。各战线每月至少召开一次现场会，每次现场会不仅要有创新亮点，还要对以往现场会的亮点进行总结提升。全年召开矿级现场会60余次，并召开了集团公司采煤、机电专业安全生产标准化现场会，承办了集团煤矿安全生产标准化工作会。提升集团示范工程创建力度，2019 年，二水平己一、二水平戊一等 5 个采区保持了集团"示范采区"称号，3 个采掘工作面被集团授予"示范工程"称号；在全年集团安全生产标准化评比中，累计获得 16 次前三名，矿井整体达标水平持续提升。

三是强化装备基础。坚持把装备提升作为矿井安全高效发展的决定因素，广泛推广应用新技术、新装备，以装备水平提升带动安全生产标准化水平提升。2019 年，矿井首次投入水力造穴钻机、单轨吊、垛式支架、小断面岩巷掘进机、卡轨人车等新装备，以降低生产事故率。坚持"无人则安、少人则安"，强力推动自动化升级改造，井下部分机巷输送带、主运输送带实现无人值守，地面压风机房、井下 6 个主排水泵房、12 个变电所实现无人值守、远程集控；开展信息化技术研究，建成集团首个斜巷轨道全路况信息联动监测系统；推进井下可视化建设，多个掘进工作面安装监控设备，关键地点实现高清可视化；构建了"一张图"共享服务平台，完成了万兆网升级改造，建成了集团首个机械装备系列化掘进工作面和首个智能化采煤工作面，为建设安全生产标准化示范矿井提供了装备支撑。

四是强化管控能力。坚持把提高安全生产标准化水平作为安全高效生产的前提和基础。开掘方面，严把工程设计和材料选择关，优先采用锚网索支护，锚索布置由前期 212 强化为 333，努力实现大断面、强支护，一次成巷免维护，在集团公司安全生产标准化专业排名考核中，连续三个季度获得前三名，己 15-15060 机巷、己 15-21030 机巷等工作面单进水平屡创矿井纪录。采煤方面，围绕打造安全高效矿井，大力推行标准化作业方式，严抓采煤工作面生产期间动态达标，为实现采煤工作面生产的连续性、稳定性提供重要保障，矿井班产、日产、月产、年产均刷新矿井历史纪录。瓦斯治理方面,高标准设计施工瓦斯治理巷,为勘探工程处创造良好打钻环境,进一步提高了打钻效率、效果;大力推行瓦斯抽采联网标准化、规范化,保证抽采效率,全年较好地完成了“五量指标”计划。其中,打钻进尺完成111.1万米,创八矿和集团最高纪录。

以“三个体系”构建管理长效机制

一是健全职责体系。按照“一把手抓全面,分管副职抓专业,业务部门抓重点,基层区队抓落实”的机制,结合各单位、各部门工作性质,对全矿十一个主体专业进行责任划分。同时,制定年度达标创建实施方案,坚持统筹规划、分步实施、示范引领、全面推进原则,每月开好矿领导包区工程推进会和达标创建规划会,做到职责清、任务清、落实清三清闭合管理,形成了层层落实责任、逐级传递压力、细致分解任务、认真抓好落实的齐抓共管局面。

二是完善双重预防体系。完善运行机制,坚持把安全生产标准化体系中双重预防机制作为重点来抓,制定八矿月度《双重预防体系工作计划》,并提交矿计划会、管委会,纳入《安全生产经营计划》一并下发,实现了矿井决策部署、战线全力推动、科室区队标准执行的体系运行方式。明确管理职责,印发了《八矿安全生产风险隐患双重预防体系建设工作安排意见》,成立工作领导小组,明确安全副矿长为双重预防体系管理者代表,明确安全副总为技术总监,并在各单位、各部门选出专职管控员110名,确保了责任清、任务明。强化日常管理,建立安全风险定期检查、分析和公示制度,实行矿、战线、区队、班组“四级”事故隐患排查制度,实现了双重预防体系日常管理科学化、高效化,全年“三违”起数同比下降29.2%,创有统计以来最低纪录。

三是创新考核体系。推行安全生产标准化考核“正反两手抓”,真正让先进单位得荣誉、得实惠，后进单位丢面子、丢票子。坚持正向激励，取消《安全生产标准化抵押考核办法》，实行《安全生产标准化达标创建奖励办法》，从规划目标、工作质量、工程质量入手，考核人员由之前相关业务部门和基层单位正职，扩大到所有基层单位干部和所有科（区）室负责人及专职安全生产标准化管理人员，充分调动各级人员参与工程质量、工作质量双提升的积极性。强化反向倒逼。同时，实行安全生产标准化月度“三旬”考核机制，进一步加强矿井安全质量动态管理。

八矿安全舒适的工作环境

启示

安全生产标准化工作是一项系统工程，标准的环境意味着良好的作业条件，标准的作业工序更能规避事故风险。开展标准化建设是煤矿企业推动安全生产关口前移，实现企业本质安全的重要途径之一，更是安全生产的一项基础性、长期性工作。

作为煤矿来说，安全生产标准化一直说、一直抓，管理者十八般武艺各显神通，创新载体屡见不鲜，收到的效果也有好有坏。“安全伙伴”管理体系由于其载体的高度灵活性和衔接性，使其在推动安全生产标准化工作中发挥着重要作用，也推动着矿井整体达标水平的不断提升。

第四章 『三聚』保高效

推动高质量发展，既是保持经济持续健康发展的必然要求，又是适应我国社会主要矛盾变化和全面建成小康社会、全面建设社会主义现代化国家的必然要求，更是遵循经济规律发展的必然要求。

作为企业来讲，没有效益的发展不是高质量发展；作为煤矿来说，没有产量的支撑实现不了高效益。煤矿生产受多种因素制约，想实现生产力大幅提升，首先是在思想上下功夫，明确目标、开动脑筋、巧干会干；其次是坚持“干”字当头，上下同步、激发干劲、提升动力；最后是坚持全矿“一盘棋”，团结奋进、互帮互助、共同进退。

第一节 聚智慧

企业在发展过程中,需要聚集全体参与人员的聪明才智,并在企业发展上达成共识,以便于上下目标一致、同向发力;需要在全员中激发创新意识,以便于推动企业与时俱进增强活力;需要在选贤用能上开辟通道,以便于为企业发展提供人才支撑。

一、凝聚发展共识

八矿经过50多年的发展,具有较强的凝聚力、向心力,从“我与八矿共荣辱”到“八矿是八矿人的八矿”,从“三视三如”到“三讲四爱五美”,再到“幸福一家人、八矿一家亲”,淋漓尽致地展现出了八矿人的价值追求和行为准则,是矿井发展的无形资产和宝贵财富。如何把这笔财富转化成矿井高质量发展的不竭动力,通过“安全伙伴”管理体系的探索与应用,将理念追求进行升华,视伙伴为亲人、视八矿为家园的氛围更加浓烈,全矿上下团结一致、共同进步的意愿空前强烈。

2019年,八矿领导班子准确识变、科学应变、主动求变,提出了“三步走”发展战略,即2019年实现达产405万吨,2020年四季度具备500万吨产能,2021年建成安全高效现代化矿井,规划了“三区三面”生产格局,明确了停丁组、缓戊组、先己组开采顺序。这一系列战略定位、发展方向和发展方式,高度契合集团以质量效益为中心的鲜明导向,在全矿干部职工乃至集团公司中引起强烈反响,也得到集团主要领导的高度肯定。

延伸阅读

大力推进三步走战略 向五百万吨矿井奋进

(2019 年 9 月 12 日《河南日报》特刊)

焦孟山下,湛河之滨,数百年来,这里流传着焦赞、孟良的英雄传说,如今,这里回荡着铿锵有力的奋进者的足音。

一个充满生机活力的现代化企业正踏浪前行,一座安全高效智能化的矿井正蓄势崛起。

坐落在平顶山矿区东部的平煤股份八矿始建于 1966 年 10 月,设计年生产能力 300 万吨,是中国平煤神马集团主力矿井之一,储量丰富,煤种齐全、煤质优良。

近年来,八矿在中国平煤神马集团党委的坚强领导下,牢牢把握“六个坚持”基本原则,以安全高效为主线,以“一通三防”和防突为重点,以科技创新为支撑,以职工满意为宗旨,统筹抓好安全生产、环保治理、经营管理、改革创新、民生保障等各项工作,奋发图强、砥砺前行,加快建设安全高效富裕美丽新八矿。

建矿以来,该矿被授予全国五一劳动奖状、全国煤炭工业行业一级安全高效矿井、中国煤炭工业科技进步优秀矿井、中国煤炭工业科技创新示范矿、河南省“五优”矿井等荣誉称号。

成绩属于过去,未来任重道远。

面对新老矿井接替、新旧动能转换,今年,该矿又制定出三年“三步走”新的路线图:2019 年实现达产 405 万吨,2020 年第四季度具备 500 万吨产能,2021 年建成安全高效矿井。

奋进的步伐一阵赶似一阵。当前,八矿正处于水平过渡关键期、瓦斯治理攻关期、采掘接替调整期和产品结构优化期的“四期”叠加阶段,按照三年“三步走”战略,持续推进“一优三减”工作,即优化矿井生产布局,减头、减面、减队伍,通过实施矿井机械化、自动化、信息化和智能化“四化”建设,不断提升矿井安全、高效、智能化水平,迈上矿井高质量发展的快车道。

优化生产布局提升矿井发展质量

再也听不到铿锵有力的号子,再也看不到矿工忙碌的身影,昔日热火朝天的己三采区和东风井随着回采的结束,如今已经关闭。

优化生产布局,不仅是煤矿优化劳动组织、实现煤矿生产正常接续、提高效益、促进安全生产的一项重要基础工作,也是防止超强度、超能力、超定员生产的重要措施。

今年以来,八矿通过减少开采水平和采区、减少采掘工作面数量、科学规划巷道施工,不断优化生产布局,提升矿井发展质量。

按照计划,利用 2~3 年时间逐步收缩战场,把已经采完的采区及时关闭,为矿上新开拓的采区腾出更多人力、物力、财力;合理安排采掘接续顺序,积极推广快速掘进技术、无煤柱自成巷沿留巷开采技术,提高单进水平,从而减少掘进工作面数量,提高生产效益;合理确定巷道层位、断面、支护方式、支护参数等,减少采动应力对巷道的影响。

此外,该矿不断优化劳动组织,通过开展争创星级“安全伙伴”活动、提升采掘一线工资比例等措施,引导职工向采掘一线流动,使生产一线人员配置更合理;强化战线内部整合,以高素质职工队伍保证采煤工作面安全高效生产;抽调精兵强将,组建专业打钻班组,提高打钻效率,保持生产连续稳定。

推进“四化”建设提升矿井生产效率

9月6日,八矿己15-21030工作面上,工人们正在紧张施工。作为该矿首个智能化综采工作面,目前采面机巷还有446米未贯通,预计今年年底可实现投产。

届时,井下“三机一支架”在井上可实现可视化远程控制、一键启停,这意味着该矿将真正进入智能开采新时代,其单产水平可稳定在16万吨以上,综采队人数可由目前200人减少到60人以内。

机械化、自动化、信息化、智能化是建设现代化矿井的强力支撑。近年来,八矿坚持创新驱动,以智能矿山建设为载体,每年将大于上年度主营业务收入1.5%的资金用于打造智能化矿井,不断提升矿井“四化”建设水平。

——以机械化为基本要求,该矿积极应用无极绳绞车,引进掘锚护一体机、安装叉车、单轨吊等新装备,增设架空乘人装置,降低职工劳动强度。

——以自动化为升级途径,对新安装设备一律按照自动化标准进行设计施工,在副井平硐引进机器人推车装置,实现局部通风机无人值守、自动倒台。

——以信息化为创新方式,加快井下可视化建设,打造可视化工作面;建设包含瓦斯含量、通风情况等十多类生产信息在内的“一张图”管理系统,实现多元信息集中显示。

——以智能化为最终目标,实现井下所有运输、供电、排水等子系统集成管控、智能运行。

据了解,目前,该矿已经建成了统一的信息传输平台、煤楼集控系统、电力调度系统、采掘工作面工况监控系统、视频打钻系统、人员定位系统等 11 个智能化系统。

如今,井下运输实现了 5 个采区 23 条输送带、4 部给煤机的集中监测监控,具有就地、远程控制和顺煤流开车等功能,实现了现场岗位工向巡检工的转变;筛分楼初装运系统实现了集中控制和少人值守,一次煤流切换由 40 分钟减少到不到 5 分钟,由原来的 20 个岗位减少到 12 个岗位,减少岗位工 58 人;矿井排水和压风系统实现了远程集控、无人值守和避峰就谷全自动运行……一个机械化换人、自动化减人、智能化少人全新工作模式逐步形成。

强化瓦斯治理提升安全生产保障

抽放瓦斯的钻孔有多深、口径有多大,以及钻机运行如何,在井上打钻视频调度中心便可实时监测。

为提高瓦斯治理效率,保证瓦斯抽采钻孔质量,八矿严格执行区域钻孔一钻孔一视频验收制度,建成省内首个标准化打钻视频调度中心和防突资料档案室,安排专职人员每天 24 小时通过视频实时监控井下打钻情况。

目前,该矿井下 11 条巷道的 24 台钻机都安装了摄像头,实现了区域钻孔施工地点全覆盖。通过跟机视频监控,可以有效监控打钻过程中出现的异常信息,为抽采达标评判和施工现场管理提供依据,并为管控重大风险提供第一手资料。

瓦斯,是煤矿安全生产的“头号敌人”。作为高突矿井,该矿狠抓防突和瓦斯治理,坚持一层一策、一区一策、一面一措,在区域治理措施孔验收上突出“严”,在瓦斯异常信息反馈上突出“真”,在防突措施落实上突出“实”,努力实现瓦斯治得住、治得快、治得省、治得好,以瓦斯治理高质量助推矿井发展高质量。

结合矿井实际,该矿成立瓦斯异常信息管理办公室,组建专业化现场监钻队伍，引进先进治理装备，制定了区域打钻（抽采）考核验收管理规定，规划了以大采长、一面多巷、反程序开采为主的技术路线，制定以水力造穴、水力冲孔为主的技术措施，明确了以局部措施为辅助、异常信息为信号的工作方式，为高效治理瓦斯提供体制机制保障。

瓦斯治理，技术是关键。该矿加大技术攻关，推动应用水力压裂、超高压水力割缝、水力造穴、以钻代巷等泄压增透防突技术，同时，积极探索掘打一体化瓦斯治理模式，在巷道施工 100 米时就开始打钻，在采煤工作面贯通后一个月内完成区域钻孔，配齐抽采系统，为瓦斯治理赢得时间和空间。

今年年初，该矿首次在戊 9.10-21070 机巷高抽巷、已 15-21030 机巷、机巷底抽巷引进水力造穴钻机，不仅钻孔工程量减少一半，而且治理效率提高一倍以上，有效解决了矿井进入深部后瓦斯压力大等问题。

此外，该矿充分发挥异常信息管理办公室作用，做好多元信息收集、分析和处置，严防事故发生；及时完善抽放系统，努力实现随打孔随封孔、随联网随抽放，实现高效率抽采。

据了解，去年该矿完成打钻进尺 76.46 万米，区域瓦斯治理工程 6088 米，抽放 1978 万立方米，利用 659.7 万立方米，有效杜绝了瓦斯事故。

随着瓦斯治理、提升装备水平的不断提升，生产系统、劳动组织的逐渐优化，今年上半年，该矿取得喜人成绩——产量、销售收入、利润均创历史新高；戊 9.10-14160 采煤工作面单产水平从月产 6.7 万吨提高到 16 万吨，刷新该矿突出煤层采煤工作面单产纪录；6 月份开掘总进尺 2013 米，超计划 253 米，其中已 15-21030 机巷月进尺突破 150 米，刷新该矿已组煤层实体煤巷月单进纪录。

海阔凭鱼跃，天高任鸟飞。该矿紧紧围绕集团的决策部署，以政治建设为统领，以组织建设为保障，坚定不移完成三年“三步走”战略目标，为建成现代化矿井提供思想基础、精神动力、智力支持，抢抓机遇、对标提升、争先进位，以优异成绩向新中国成立70周年献礼。

启示

世界上许多事并非一时能够看清结果，一时能够判定结论，一时能够做个了结，于是引起争论、争吵、最后发展成谩骂甚至暴力冲突。企业的发展，就如在大海航行，没有一致的方向，就会引起不必要的麻烦，因此，必须达成共识才能减少争端向前行驶。

“安全伙伴”将每个人紧密联系在一起，促使全体参与企业发展的人员必须形成一个共识，无论在经历任何困难时、发生任何变革时，都能从自身出发找突破，从大局出发谋发展，在前进的过程中发出积极地声音、做出积极地贡献，使企业的大船朝着既定目标行进。

二、凝聚创新共识

八矿作为新中国首个自行设计施工建设的大型国有矿井，随着时间的推移，产能规模不断扩大，在面临高质量发展的重要课题前面，必须走出自身的创新驱动路线，才能让老矿井迸发新的活力和动力，才能让企业发展、职工共享的理念落到实处。但总体来看，我们的很多干部和职工，虽然学历和素质都与时俱进的有所提升，但是把矿井的发展作为自己的事来看待，还存在一定差距，存在“三不”现象，即不愿学、不愿思、不愿做，对待新知识不愿意学习，对自身工作出现的困难不愿意思考，对有能力做的工作不愿意出力。

如何刹住此种风气，激发干部职工的爱岗敬业热情、创新创造活力，实现人生价值和人生出彩，八矿结合实际将创新能力与“安全伙伴”进行了有效探索和有机结合。通过一年多的实施，工作初见成效，战线领导、业务科室、基层单位相互配合默契度持续提升，想方设法组织技术人员对制约矿井发展的瓶颈问题进行联合攻关，并促进工作的高效运转。业务科室、基层干部、职工目标更加一致，不遗余力完成任务，特别是青年干部、职工根据自身工作特点，在面临困难时，主动想点子、出实招、做真功，把学习的理论知识与实际工作紧密联系在一起，创造发明了多项有利于减轻工作强度、降低工作成本、快速完成任务的小革新、小发明。不仅自身才华得到了施展，工资待遇也得到了提升，更进一步彰显了自身的人格魅力，受到了职工的追捧，成了职工身边的“发明家”。同时，在创新中个别青年职工找到了人生方向，无论身处何种岗位，都能够主动制定自己的短期目标，发掘自身亮点，新时代矿工风采逐渐呈现在大众面前。

延伸阅读

“一项技术创新，每月带来 3000 万元的效益”，11 月 15 日，记者刚到八矿，就听到许多职工在谈论这件事，顿时引起了记者的关注。

2019 年 4 月 12 日，该矿开始回采己 15-15030 采煤工作面。由于该采煤工作面处于风氧化带，煤体破碎松软。以往遇到这样的情况，该矿采取注水与注固安特控制顶板，并配合拉移千斤顶调架等措施进行处理。这些措施虽然能有效保证采煤工作面安全生产，但每月需使用大量价格昂贵的固安特，生产成本增加，且前期治理需要的时间较长，直接影响产量，月产量一直在 6 万吨左右。

为了改变生产上的被动局面，该矿积极对标枣矿集团等先进企业，鼓励全员在科技创新、降本增效上积极作为，并发出“悬赏令”，决定对解决这一问题的单位或个人给予 10 万元奖励。8 月份，该矿综采三队技术骨干和采煤战线技术人员组成联合攻关小组，经研究决定改变原有的生产工艺和流程，采用向顶板进行静态注水的方式，提高煤体本身的可塑性。

据介绍，使用固安特是为了利用其黏合能力强的特点，将破碎松软的煤体黏结成结体，从而形成一堵堵“煤墙”，降低片帮的可能性。其实，煤体本身就有黏性，在进行有效注水后，煤体就不会松散、破碎。

不过，怎么注水、拉架、割煤，还需要通过不断实践进行总结。

为了得出最优方案，综采三队边干边试验，安排专人利用生产间隙在采煤工作面固定液压支架之间打注水孔。施工人员把注水孔的开孔高度设在煤层中间，然后向上倾斜打向煤层顶板，孔深不小于 6 米，注水效果以煤壁出水或邻孔出水为准，并认真记录注水参数。经过不断调整，该队逐步达到了固安特零投入的目标，而且割煤时由于煤层湿润，减少了煤尘，大大改善了采煤工作面的作业环境。

为进一步确保安全生产，综采三队坚持对采煤工作面顶板进行动态监控，安排专人负责数据采集、分析工作，超前判断采煤工作面是否来压，合理指导现场生产，并全面提升安全生产标准化水平，制定机电事故控制激励办法，夯实机电检修基础，为高效开采创造了条件。

一系列措施的实施，使该采煤工作面的产能得到有效释放，9 月份该队产量达到 10.6 万吨，10 月份产量达到 11.02 万吨，创出新高。

“从 9 月份和 10 月份来看，该采煤工作面月增产 4 万吨以上，再加上每月少投入 100 多万元的固安特，该队一个月就可多为矿上创造效益3000万元。今后,此项技术将在我矿同类型采煤工作面推广应用。"该矿矿长杨国和告诉记者。

接下来,八矿将认真总结这次科技攻关经验,不断完善"悬赏"激励政策,用活"悬赏"办法撬动科技杠杆,激发干部职工创新创效热情,为建成500万吨矿井提供技术支持。

八矿职工开展小创新、小发明

启示

科技的进步和管理的创新是企业发展的两个重要支撑,是企业活力的重要表现,管理的创新是推动技术进步的重要因素,能够激发从业人员的技术创新意识,带动企业更高质量发展。

八矿在破解制约发展问题上,主要得益于"安全伙伴"的管理体制机制的创新,带动技术创新和工程技术的进步,从而,将创新的成果应用于生产实践,最终形成先进生产力。

三、凝聚人才共识

矿井高质量发展如何迈出强劲的步伐，是国有企业正在面临的一项重要问题，对照“科学技术是第一生产力”来说，矿井高质量发展依托的是科学技术，科学技术最终还要落实到人的身上。因此，抓住人这个关键，是国企高质量发展的必要因素。从前，我们主要是通过一些推荐、学历等条件来识别人才，这些途径存在三个弊端，总的来说可以用“三漏、三缺、三降”来总结。“三漏”即漏掉了实干家、土专家、实战家，“三缺”即缺少灵活性、普适性、创新性，“三降”即降低了无学历职工的积极性、降低了人才选拔的实用性、降低了发现人才的可能性。

八矿不止唯才是用，更注重日常表现，坚持在遵章守纪上识别人才，在担当作为上识别人才，在奉献岗位上识别人才，在维护大局上识别人才。在选拔任用技术人员和管理骨干时，充分考量“安全伙伴”星级。同时，大幅提升工程技术人员的“安全伙伴”奖励标准，对聘任的政工师、工程师，“安全伙伴”奖励享受与副科级同等待遇。

延伸阅读

以智慧创造智能矿山的“大师”

杨庆华，男，38 岁，中国共产党党员，2003 年 8 月参加工作，现任中国平煤神马集团平煤股份八矿信息中心副主任（正科级），主要负责矿井综合自动化、软件开发、系统集成方面的工作，是八矿技能大师工作室领头人，曾荣获河南省五一劳动奖章、河南省技术能手等荣誉称号。

2004年,作为八矿信息中心的第一批工作人员,16年来,杨庆华对智能矿山建设充满了热爱,投身其中,夜以继日,精益求精,以智慧创造智能,终成煤海自动化的大师。

他如饥似渴学习专业技术知识成第一,先后考取了计算机调试工、网页设计师、网络管理员、网络应用工程师和软件设计师等证书,并在2007年和2009年河南省煤炭系统计算机技术比武中取得第一名的好成绩。

潜心钻研业务创造数千万效益。身为大师,他带队先后接入主要通风机、压风、泵房、提升、选煤厂、井下输送带、地面煤楼、电力监测等30多套子系统,解决了许多在智能矿山建设中厂家无法解决的问题。期间,开发的主排水系统避峰就谷运行程序累计减少岗位人员20余人,创造经济效益1000多万元。在他和工友的多年努力下,八矿集控系统运行越来越智能、规范,初步实现了矿井相关子系统实时监测和远程集控。

用前沿技术创造出十几项新成果。他带领队伍为八矿开发了特殊工种培训系统、微信安全知识竞答系统、八矿薪酬管理系统、八矿职工入井人员考勤系统。他本人还于2012年抽调参与研发了国家“十二五”发展专项项目——煤炭综采成套装备及智能控制系统。他还先后获集团科技成果12项,市级科技成果3项,省级科技成果4项,国家级科技成果1项,专利证书1项。

倾囊相授培养更多矿山智能化“大师”。他不遗余力,认真总结经验,提炼出“行动学习法”,并培养信息化细分领域技术骨干10余人,参与制订集团技术标准3项,曾担任第五届、第六届河南省职工技术运动会裁判员,并带领培训的平顶山市选手取得优异成绩。同时,作为八矿技能大师工作室的领头人,带领工作室成员累计完成创新成果

81 项，师带徒 94 人。

16 年，他久久为功，笃定前行，因爱岗敬业、成绩突出，分别荣获中国平煤神马集团劳动模范、集团第三届首席技能大师、集团技术拔尖人才、平顶山市技术能手，以及河南省五一劳动奖章、河南省技术能手等荣誉称号。

八矿技能大师工作室成员合影

启示

企业的发展离不开人才，企业的竞争归根到底是人才的竞争，煤矿由于行业的特殊性，在吸引高端人才上具有局限性，只能把人才队伍建设重心放在自我培育上。

“安全伙伴”管理体制的出台，提高了干部职工参与矿井高质量发展的积极性，从旁观者、局外人转变为参与者、局内人，愿意把自身的才华和青春奉献到矿井的发展中。在人生出彩的同时,使企业更加快速的发掘身边的人才,找到矿井高质量发展的中坚力量。大部分干部职工在成就企业的基础上,找到了合适的位子,让庸庸无为者寸步难行,主动退位让贤,让步不同人才尽显其才,企业发展气势如虹、底气更足。

第二节 聚干劲

煤矿管理系统复杂、战线较多，如何将全矿上下的干劲汇聚在一起，考验着每一名管理者和参与者，把全体人员的干劲用在刀刃上需要一个有效的挂钩机制，将每个人与企业发展好坏相挂钩，提升全体人员的大局意识；将一线人员与任务完成好坏相挂钩，激发直接参与者的干事动力；将辅助单位与一线工作完成好坏相挂钩，提高辅助人员的服务意识。

一、实行矿井指标与全矿“安全伙伴”奖挂钩机制

作为国有企业大型矿井，人员冗杂、素质偏低等现象较为普遍，如何将松散的整体变成坚硬磐石，关键要靠利益挂钩。无论是干部还是普通职工，只有将矿井的发展与每个人的利益息息相关，才能真正达到全矿“一盘棋”，才能实现指哪打哪，百战百胜。

“安全伙伴”管理体系是在八矿坚决迈进“三步走”战略目标的进程中，探索形成的与矿井实际相匹配的管理考核机制，让干部职工的力量发挥出了更大作用。首先，将产量进尺任务完成与否，与全矿职工的“安全伙伴”奖进行严格挂钩，其中一项任务未完成，其他单位“安全伙伴”奖兑现一半，两者都完不成时，全矿“安全伙伴”奖全不兑现（除完成任务的采掘单位）。其次，在矿井出现重大事故时，全矿

“安全伙伴”奖也不予兑现。这就使全矿干部职工树立了“抓好安全前提、保证任务完成”的思想，形成了全矿心往一处想、劲往一处使的良好工作氛围，使得各项工作有条不紊、快速高质量地完成。2019年，八矿顺利实现了矿井第三次达产405万吨目标，职工收入也创出了历史新高。

三 延伸阅读

2019年，八矿累计加发“安全伙伴”奖励5次，共计金额1600万元：

3月份，“安全伙伴”奖励加发100%。主要原因是：矿井完成了一季度各项安全生产任务，荣获集团首季“开门红”劳动竞赛优胜单位、集团AA级企业。

9月份，“安全伙伴”奖励加发50%。主要原因是：较好地完成了各项生产任务，矿井保持了良好发展态势。

10月份，“安全伙伴”奖励加发100%。主要原因是：完成产量34.5万吨，开掘进尺1567.6米，销售收入2.1亿元，实现利润2500万元，各项指标大幅超计划完成。

11月份，“安全伙伴”奖励加发200%。主要原因是：班产6800吨，日产1.87万吨，实现销售收入2.28亿元，利润3000万元，均刷新矿井纪录。

12月份，“安全伙伴”奖励加发1000元。主要原因是：矿井提前数天实现了第三次达产405万吨，顺利完成了矿井“三步走”发展战略第一步。

2019年，八矿累计减兑“安全伙伴”奖励2次：

7月份,“安全伙伴”奖励减兑50%。主要原因是:当月开掘进尺未完成矿井计划任务。

8月份,“安全伙伴”奖励减兑50%。主要原因是:当月产量未完成矿井计划任务。

启示

很多国有企业,习惯用稳定的工资来营造和谐的环境,用稳定的工资体现持续发展,职工工资增减与企业质量效益好坏没有形成鲜明的对比,从年初低到年尾高已经成为一种常态。这种做法虽然在当前国有企业现状中能够达到一定的管理效果,但从职工来看,感受不到企业发展带来的收益,扼杀了职工的工作积极性。

“安全伙伴”管理体系,通过采取矿井指标与全矿“安全伙伴”奖挂钩机制,真正让职工感受到矿井效益好坏与工资高低鲜明对比关系。可以说,“安全伙伴”奖励的多少已经成了矿井发展好坏的“晴雨表”。

二、实行采掘一线月度任务与“安全伙伴”奖励翻倍挂钩机制

煤矿作为高危行业,采掘一线工作人员承受着更大的安全风险和生产压力,干着最脏最累最苦最险的工作,可以说煤矿的高质量发展,绝对离不开一线员工的付出。如何让一线员工真心实意在苦脏累险的岗位上辛勤付出、任劳任怨,是决定企业高质量发展的关键。

“安全伙伴”奖的出台,就是瞄准提升一线员工劳动报酬而制定的制度,将基本工资与“安全伙伴”奖分开计算、一同发放,并将“安全伙

伴"奖进行分类,地面单位每月 200 元/人,辅助单位每月 400 元/人,一线单位每月 600 元/人,在不发生事故的前提下,每月随着产量和进尺任务完成,分别递增 10 元、15 元、25 元,并对超额完成任务的单位进行不定时翻倍奖励,让地面、井下辅助、井下一线工资逐渐形成黄金比例。同时,在全矿任务未完成的情况下,一线单位完成本单位任务职工的"安全伙伴" 奖不受影响,而且超计划完成任务较多的单位,"安全伙伴"奖翻倍兑现,极大地鼓励了一线职工的干劲,在强力推进"三步走"战略目标的进程中,做出了积极地贡献,提供了有力支撑。

延伸阅读

2019 年 9 月,八矿就有一个区队因为没有完成当月生产任务,全队职工都没有得到"安全伙伴"奖。

"我们用'结伙伴'的形式把职工'绑'在一起,既为他们搭建了学习和沟通的桥梁,又让他们互相督促出勤,监督安全,成为工作中的好伙伴、生活中的好兄弟。更重要的是,因为自身的行为会直接影响身边'伙伴'的收入,甚至会影响队里每名职工的收入,每个人的责任意识都得到了显著增强,工作积极性也进一步被调动和提升。"矿长杨国和说。

同时,争创星级"安全伙伴"活动还有很大的包容性。前段时间,该矿又把施工标准、工程质量纳入"安全伙伴"奖励考核之中,使矿井安全生产标准化水平显著提升。今年截至目前,该矿已创建了 8 个"三星"达标示范区,成功召开了平煤股份安全生产标准化现场会及机电专业安全生产标准化现场会。

由于每月奖励与生产任务直接相关,该矿各生产单位职工干劲高涨，也屡创纪录。该矿综采三队克服己15-15030采煤工作面顶板破碎等困难，9月份产量达到10.6万吨，创八矿二井投产以来单产最好水平。该矿综采二队在确保安全的前提下，施工的戊9.10-12080采煤工作面连续3个月产量突破13万吨，连创戊二采区单产纪录。

八矿单班生产原煤破纪录祝捷仪式

启示

任何企业能够产生效益，最直接的、最关键的在于产品，煤矿企业的主要产品就是煤炭，每一项工作围绕的中心就是让矿井在安全的环境下多出煤、出好煤，获得最大的利益。采煤生产任务和开掘进尺任务的完成直接影响着煤炭的产出。

在“安全伙伴”奖励日常加减中，安全、出勤、稳定三个要素往往决定着有或没有，只有生产任务决定着是否加减。让完成采掘任务当作

"安全伙伴"翻倍机制的前提,一方面使一线单位在尝到甜头的诱惑下主动工作;另一方面使其成为全矿发展的焦点,倒逼其在全矿干部职工的期望中努力工作。

三、实行辅助单位与采掘一线任务完成情况挂钩机制

八矿在实现"三步走"战略目标的征程中,不仅需要一线人员的辛勤付出,更需要辅助单位给予密切配合和鼎力支持。特别是,作为煤矿单位,生产系统复杂,其中一项出现问题,都制约矿井整体安全生产工作。因此,如何保持各个系统安全稳定运行,充分调动辅助单位工作积极性成了关键所在。

"安全伙伴"管理机制的出台,不仅明确了"安全伙伴"奖励与产量、进尺任务完成相挂钩,更制定了辅助单位与采掘一线单位任务相挂钩,对直接服务采掘单位的输送带运输单位制定专项奖励办法,在采掘单位较好完成生产任务的同时,给予相关辅助单位同等"安全伙伴"奖加发奖励。同时,每月对机电辅助单位制定"安全伙伴"奖加发标准,在完成产量任务时,拿出专项"安全伙伴"奖励资金进行兑现。

延伸阅读

输送带运输单位是主要的井下运输单位,和生产直接关联,直接服务于采掘单位,虽然工作强度、业务分工不同,但工作环境较为接近,致使部分输送带运输单位职工对工资分配产生质疑,认为自己工资低,导致日常工作积极性不高。在前期调研过程中,经常有采掘单位反映:"一到快下班的时候,输送带就开开停停,输送带机司机不是

说输送带跑偏了,需要调整,就是说托辊不转了,需要更换,甚至说滚筒下有浮煤,需要清理,这一顿开开停停,晃的人心急火燎”。某采煤单位跟班干部表示:“其实,大家心里都清楚,主要是输送带机司机急于下班,不到点甚至就想走人。而我们采掘单位,任务安排很紧张,不想浪费一分一秒的出煤时间”。

但通过开展星级“安全伙伴”活动后,辅助单位工资和采掘任务完成相挂钩,产量、进尺完成好了,辅助单位工资也水涨船高。一年来通过调研,辅助单位服务意识大幅改观,某采煤单位队长表示:“现在跟我们搭班的伙计没的说,让开开、让停停,闲下来了还帮我们干活,有时候到点了,我们都说可以停了,输送带司机还说:交接班的还没来,再多怼会儿。”

启示

一个企业的发展,不仅需要冲锋陷阵的勇士,更需要充足的后勤保障,需要各层次、各专业、各领域向着同一个目标,共同迈进、协同发展。

“安全伙伴”管理体系,在调动任务完成无量可计的单位积极性上进行了有效探索,真正让一线单位与辅助单位联动有了利益纽带,实现出多少煤、拉多少煤,干多少活、得多少钱。

第三节　聚合力

强大的合力是企业健康发展的重要前提，煤矿企业小到区队、大到战线、再到全矿，每一个层级没有合力将会是散沙一盘。区队、战线、全矿通过聚合力，能够有效在各层之间形成一个团结的整体，能够保证在工作、生活中同进同退，从而保证各项工作任务稳步高效的推进。

一、凝聚区队合力

麻雀虽小五脏俱全，区队是煤矿安全生产中的最小基层组织，也是煤矿企业各项制度落实的最终落脚地，所有安全生产规章制度的建立和实施都要依靠区队进行贯彻执行。而一个区队战斗力强弱，对班组和个人掌控与否，体现了区队的管理能力高低。目前，大部分矿井一个基层区队多配备 3~4 个班组，近百名职工，如何激活每个小单元活力，凝聚区队战斗力，考验着每名区队管理干部。

"安全伙伴"管理体系明确了个人与个人、个人与班组，特别是个人与区队共同利益关系，将各个环节有效结合，实现了利益捆绑。在全矿各项指标任务均完成的情况下，若区队未完成工作任务，区队所有职工均不兑现"安全伙伴"奖励；在全队完成工作任务情况下，若班组未完成工作任务，班组所有职工均不兑现"安全伙伴"奖励。真正使职工不仅站在自身利益出发,更站在班组、区队位置考虑任务完成的重要性,在区队内形成了互帮互助、互利共赢的良好氛围。

延伸阅读

八矿丁 5.6-14220 采煤工作面投产以来,由于运输系统受限、煤质一般,矿上将其定位为“配采”,并没有每月给予下达硬性产量指标。

但随着“一优三减”步伐加快,现有的采煤队不是都有采煤工作面可采,有采煤工作面的都是“光棍队”。

“虽然矿上没有给我们下达较多的产量任务,但是矿上把这个采煤工作面交给我们,就是对我们的信任。作为采煤队,无面可采意味着淘汰,意味着拿不到像兄弟单位那样的高工资。”综采一队相关负责人说道。

该采煤工作面 2019 年 10 月份投产当月,便在克服矿车单进单出运煤的情况下,超产 50%完成任务,全队“安全伙伴”奖励翻倍兑现,全队干部职工工资大幅增加。

在品尝到收获带来的喜悦后,该队全队上下干劲十足,保持了月均 10 万吨以上的单进水平,在个别采煤工作面地质构造复杂,单产水平降低的情况下,肩负起了矿井生产重任,为矿井顺利完成“三步走”战略目标第一步、努力实现“三步走”战略目标第二步做出了积极贡献。

八矿综采工作面生产实景

启示

历来中华民族大团结时，必将伴随着大事件的发生。如 1971 年 10 月 25 日重返联合国常任理事国，2001 年 7 月 13 日北京申奥成功，2001 年 12 月 11 日加入 WTO，当时全国上下向心力、凝聚力空前。可以说，外部的刺激对促进团结起着重大的媒介作用。

就煤矿区队管理来说，好的容易一直好下去，差的也容易一直差下去，惯性意识对整个区队影响较深。而“安全伙伴”管理体系形成了金钱和荣誉的双重外部刺激，使差的有信心、好的有危机感，激发起全队干事创业的激情，最终形成强大的发展合力。

二、凝聚战线合力

在现有企业管理层级划分中，多分为部门、处室、单位、流水线等各个子单元，煤矿由于其行业特殊性，一直秉承着特别能吃苦、特别能战斗，根据业务的分工实行“战线”管理制度。如采煤战线、开掘战线、机运战线等，体现了煤矿行业的优良作风，大大提升了矿井的战斗力和凝聚力。但随着时代发展，这一优良作风有所弱化，战线管理不仅没有体现出优越性，而是带来了层级繁杂、管理弱化等。

为充分激发战线管理主动权，“安全伙伴”体系中明确规定，对未完成生产任务战线，不管欠产、欠尺任务多少，战线主管业务科室不管是科区长还是普通科员，或是回收、安装、维修等辅助作业单位，均不予兑现。充分调动起战线领导、战线业务主管科室管理主动性、能动性，充分汇聚起战线各单位的凝聚力，也倒逼战线主管部门对工程安排、职责分工、队伍调配等方面进行管理强化，确保实现了召之即来、来之能战、战则必胜。

延伸阅读

从安全到后勤，八矿业务分工明确，均设立有相关业务科室，并配备了专业技术人员充实其中，业务素质、管理能力、管理范围广阔。在日常过程中，可以说业务科室不仅起到业务管理作用，同时也发挥着战线人才储备库的作用。以“安全伙伴”为重要抓手，就是为了充分发挥业务科室在保安全、促生产、稳和谐方面的作用。让管业务必须管安全、管业务更需懂生产、管业务也得保和谐。

2019 年 7 月，受部分地点作业环境等各种因素影响，矿井未完成开掘总进尺计划，但除了该地点施工单位被取消“安全伙伴”奖励外，开掘区所有人员均未取消了“安全伙伴”奖励。

“我们被取消‘安全伙伴’奖励，说冤也冤，说不冤也不冤，虽然这活不是我们直接在现场干的，但是这活是我们管的，没完成就是我们没管好、没协调好。这次被取消的不仅仅是我一个人，整个科室所有人都被取消了，我这当区长的也深感自责。在今后的工作中，我们一定会落实业务科室的业务保安责任，发挥应有作用，确保完成矿党政交办的各项安全生产任务。”开掘区相关负责人说道。

同时，为发挥业务科室在抓工程质量方面的主动性，矿对连续两个月质量不达标的单位进行刚性考核，并上移“两级”追究业务主管部门的业务保安责任，取消业务部门相关管理人员的“安全伙伴”奖，倒逼业务主管部门强化过程督导，注重过程管控。

启示

区队管理往往突出“管”字，而战线管理常常突出“调”字。作为一个战线，要想拥有战斗力，必须始终保持协调统一，积极进行合理调配，才能使整个系统稳定有序运转，最终形成全矿协调发展的良好局面。

“安全伙伴”管理体系在区队“安全伙伴”奖励考核上给予其充分权利，而在业务科室管理上却制定了“硬”标准，主要是其扮演角色不同、任务分工不同。通过“安全伙伴”奖励的严格落实，让战线认识自身担负的更多责任。

三、凝聚全矿合力

凝聚发展合力是企业发展的基础和先导，一个企业如果凝聚不起发展合力，就像是一盘散沙。提升企业发展合力，不仅可使企业员工精诚团结，上下形成一股劲、拧成一根绳，形成共同的价值观，带来统一的意志、统一的行动，拥有最大的战斗力，促使企业在激烈的市场竞争中立于不败之地。同时，凝聚企业发展合力也是维持企业生存发展的必要条件，对企业发展质量的提高、内部潜能的激活，以及生产效率的提高起着潜移默化的推进作用。

煤矿从前期地质勘探，到后期开采加工，各个领域表面呈专业性、分散性，但本质关联密切，这也导致其中一个环节出现问题，势必出现蝴蝶效应，影响下一步各项工作。“安全伙伴”管理体系在凝聚发展合力方面，不仅体现在思想上统一，更体现在行动上的一致。一方面，对因工程、工作质量差导致后期工程施工难度增加的，对前期施工单位负责人扣罚“安全伙伴”奖励；另一方面，将“安全伙伴”奖励延伸为矿井奖惩的统一标准，不管是工会发放慰问品、还是团委支援井下生产，奖励人员必须是能够拿到“安全伙伴”奖励人员，真正用“安全伙伴”管理体系将全矿拧成一股绳，汇成一股劲。

延伸阅读

2019 年以来，八矿及时转变思想，把治理瓦斯作为解放生产力的关键所在，在全矿开展了瓦斯防治大会战，各单位、各部门不分战线、不分你我，全矿“一盘棋”为防突，书写出了八矿团结一致、共谋发展的美好诗篇。

防突管路安装一直以来是防突队的分内工作，但随着八矿开展瓦斯防治大会战，由于区队人员老龄化、结构性缺员较为严重，管路安装工作滞后较多。针对这一现状，除本战线抽调人员助力外，其他战线纷纷组织力量协助管路运输、铺设、安装等工作，为弥补矿井区域瓦斯治理欠账、努力推进区域瓦斯治理超前化做出了积极贡献。

特别是开掘战线，虽然日常劳动强度大，但只要工作区域内有管路安装项目的，均组织人员进行运输铺设，使防突队只需进行管路安装等专业性作业，大大减轻了其外围工作。而且运输队、维修队、救护队等单位也参与其中。

鉴于以上单位的付出，矿上拿出专项资金，以“安全伙伴”奖形式进行奖励。同时，这些单位的付出也助推了矿井的发展，使自身在矿井发展中得到了间接效益。

启示

矿井不是一个人的矿井，也不是一个战线、一个单位的矿井，是全体人员的矿井。只有凝聚起全矿合力，才能确保矿井实现安全高效发展。

“安全伙伴”管理体系，一方面将全矿上下各个岗位、各个单位、各条战线拧成一股绳，在问题面前发动多方力量，在得到利益时大家共享，同进同退；另一方面鼓励能干多干、多干多得，让奉献者不仅得到精神奖励，更得到物质奖励。

第五章 『三打』保出勤

出勤率是企业的一项重要考核内容，也是能否超额完成生产和工作任务的重要保证。影响企业职工出勤率，客观因素包含婚假、丧假、探亲假及伤、病、事假等，主观因素有职工因消极工作而请假、有职工因私事而请假，也有职工因违法乱纪等而请假。出勤率高低体现了职工工作态度好坏，体现了企业待遇好坏，体现了企业管理强弱。

通过开展“安全伙伴”管理体系创建，实现了制度上约束、情感上引导、待遇上打动，既减少因客观因素而造成缺勤，又尽量避免因主观因素造成缺勤，为当前还未实现智能化发展、急需大批劳动力的煤矿企业提供了科学有效的参考方案。

第一节 打破“大锅饭”症结

在企业发展中，特别是国有企业发展中，“大锅饭” 和“平均主义”是影响职工积极性、制约生产力提升的关键所在，要想打破这一现象，必须要做到干与不干不一样、干多干少不一样、干好干坏不一样。

一、打破“干与不干一个样”

劳有所得、劳有所获是社会发展的普遍共识，也是自然界的生存法则。但是，随着人类社会的发展，也滋生了一些不良的风气，出现了投机取巧、坐享其成的现象，这些现象直接影响了社会的公平公正，致使真干实干者积极性大幅减低，从而在一定程度上制约社会生产力的释放。这些现象在大型国有企业中尤为凸显，简要可概括为“三混”，即混工、混位子、混日子，主要表现在家庭殷实的青年职工缺少对今后工作的规划，个别年龄偏大的副职当一天和尚撞一天钟，个别站在“一把手”位子的干部只求稳妥不思进取。这些都是影响企业高质量发展的不良因素。

“安全伙伴”管理体系基于此种现状，明确了只有参与矿井安全生产经营活动，为矿井发展做出贡献的职工才能享受“安全伙伴”奖励。不管因事假、病假、年休假等各种事由不上班的人员，仅仅享受相应国家补助，不得享受“安全伙伴”奖励。而且，“安全伙伴”奖励远高于之前的安全抵押金，占工资比例较大，对不想上班人员具有较大吸引力。实行"安全伙伴"奖发放考核连带责任制，对考核过程中发现把关不严、弄虚作假的，不仅取消班子成员的"安全伙伴"奖，同时对办事员、相关考核部门责任人给予同等处罚。

延伸阅读

2019年4月初，安检科组织人力资源科、纪委、组干科等部门，对各单位"安全伙伴"奖兑现、发放、公示情况进行集中检查，这也是"安全伙伴"奖落实考核的常规动作，每月一次。在检查3月份"安全伙伴"奖兑现情况过程中，相关工作人员发现综采准备一队有个别职工出勤不符合规定，而单位违规给予兑现了"安全伙伴"奖励。针对以上情况，检查组首先进行了拍照取证，并将弄虚作假的单位"安全伙伴"奖兑现明细取回安检科，组织人员再次进行详细核对，最终确认其弄虚作假行为属实。检查组将检查情况汇报给了相关矿领导，最终决定取消综采准备一队书记、队长、办事员"安全伙伴"奖励，对星级递增进行清零处理，并在全矿范围内进行通报批评。这也是八矿开展争创星级"安全伙伴"活动以来第一次因弄虚作假现象，取消相关责任人"安全伙伴"奖励，在全矿起到了警示作用，为后期活动公平公正公开开展营造了良好氛围。

启示

"安全伙伴"管理体系，在干与不干不一样方面，主要体现出了"严查"，让不劳而获、好吃懒做的无利可获，不管是方式方法上，还是范围力度上,都将干与不干进行了严格管控,是维护干事者利益的有效手段。

二、打破“干多干少一个样”

国家主席习近平同志在2018年新年贺词中指出“幸福都是奋斗出来的”,这是伟大论断,不仅是对新时代奋斗者的最好诠释,也是对广大劳动者的最大激励。但在企业管理过程中,分配不均现象依然不可避免,进而造成职工出勤率下降,工作积极性降低。如何规避这一现象,进一步提升企业发展质量,提高矿井人均工效,关键在于制定科学合理的分配制度,提供与劳动者所付出相匹配的等价待遇,真让职工感受到“幸福是奋斗出来的、质量效益是干出来的、工资是劳动挣来的”。

“安全伙伴”管理体系的形成,就是围绕这一伟大论断,结合矿井多工种、多层级的管理现状,对分配制度进行重新划分。第一层次由矿层面牵头,根据采煤、开掘、机电等各战线工作业务不同,给予不等金额奖励;第二层次由战线层面牵头,根据各单位工作强度不同,对“安全伙伴”奖励进行微调;第三层次由各单位牵头,根据业务骨干、地面勤杂等工作岗位不同,对“安全伙伴”奖励进行明确划分,真正让干的多得多落到实处。

延伸阅读

八矿掘进二队按照《关于开展争创星级“安全伙伴”活动的通知》制定了本队的“安全伙伴”考核管理细则。其中,最有效的考核办法就是根据入井工数制定了本单位职工的“安全伙伴”奖兑现标准,实行差异化兑现,细分成了三个兑现标准,即下井工数达到本队要求制度工作日的,按矿规定的600元/人进行兑现;没有达到本队要求制度工作日的,但超过10个下井工数的,按照矿要求的井下辅助标准400元/人进行兑现;下井工数少于10个的,按照矿规定的地面标准200元/人进行兑现。这种考核办法,一方面取决于区队职工有一线职工、有技术人员、有地面勤杂人员,如果一律按照矿规定的600元/人进行发放,实际也不违反矿相关规定。但为体现干多干少不一样,加之矿授予了区队自主决定考核的权利,特制定了以上考核细则。该队按照三个标准制定的奖励细则,极大激发了职工入井的积极性,切实提高了人工功效,为该队保质保量完成各项任务目标发挥了积极作用。

启示

“安全伙伴”管理体系,在干多干少不一样方面,主要体现了“细分”,从大政方针上进行细分,从目标效果上进行细分,让多劳多得不仅成为价值追求,更带来最终受益上的差异,是维护多劳者的利益的有效手段。

三、打破“干好干坏一个样”

“铁饭碗”一词出自改革开放之初,当时的企业多是国有企业,管理制度就是吃“大锅饭”,工资是按年头涨,福利是按人头发,几乎每个企业都养着一大批闲人、懒人、庸人和散人。这些人没有为企业做出相应的贡献,而且极大影响了其他生产者和管理者的积极性,成为了企业的巨大包袱。特别“干好干坏一个样”的表现往往是鱼龙混杂,主要问题在工作态度上,过程反应在工作质量上,最终结果落在了工程质量上。而且作为管理者短期内有时难以分辨,等问题浮出水面时,往往已经带来较为严重的影响。

实行“安全伙伴”奖励不仅对干多干少进行了明确,更是对干好干坏进行了界定;不仅明确了有量可计的采煤、开掘等作业奖励标准,同时对无量可计的经营管理、后勤服务等方面制定相应考虑标准。“安全伙伴”实行动态管理,有效结合矿井发展形势和任务,对后勤保卫单位因参与疫情防控、大型迎检等临时活动并表现优异的,对群团组织在做好本部门工作同时并参与井下生产任务的,对政工部门积极参与集团大型活动并获得集团嘉奖的,当月“安全伙伴”奖励均不同程度加发兑现,进一步提升全矿上下工作质量和工程质量。

延伸阅读

面对突如其来的新冠肺炎疫情,矿党政一声令下,全矿上下紧急备战,成立四个专业工作小组,确保责任分明,任务到人,考核到位。排查层面,抓住“三个重点”。抓住通勤车和班前会等人员密集的重点岗位,抓住提升罐笼和两堂一舍等重点空间,抓住闲杂人员、返矿人员和外来施工人员等到矿重点人员,确保做到外防输入、内防扩散目标。防控层面,发挥“三个力量”。抽调团委志愿者、安全“八条线”、安监队“三支力量”,分别检查乘坐通勤车职工佩戴口罩和非职工乘车情况,检查各基层单位班前会疫情防控措施落实情况,检查入井人员佩戴口罩等情况。同时,合理封堵出入口 2 个,设立岗卡 3 个,确保疫情防控管理全覆盖。问责层面加大追究力度,实行疫情防控日通报制度,加大重点工作督察督办力度,加大违规行为惩处考核力度,对违反疫情防控规定及工作落实不力的顶格处理,情节严重的移交司法部门,努力在全矿营造了特殊时期的高压态势,倒逼疫情防控工作高效落实,真正在疫情期间做到了全矿联动,为矿井高质量发展做出了积极贡献。参与单位和人员在实现人身价值的同时,并受到了"安全伙伴"奖的翻倍加发,让广大干部职工认识到了干好干坏不一样。

八矿保卫科、团委联合筑起矿井疫情防控第一道关口

启示

"安全伙伴"管理体系,在干好干坏不一样方面,主要突出了"标准",对于能够按要求干好本职工作的单位,并在此基础上帮助其他单位的,对于糊弄了事的,按照工作标准进行认真考核,使效果完成不好的单位得不到相应奖励,使干得好的多拿奖励,是维护能干者利益的有效手段。

第二节 打击“不出力”现象

在企业管理中，用制度打击不上班，可以为各管理层级提供统一的操作标准；用面子打击上花班，可以扭转一些爱面子职工的思想；用情感打击上假班，可以让直接督促变成间接影响，多方位、多角度解决不出工、出工不出力现象。

一、制度上打击不上班

八矿作为集团煤炭板块主力矿井，承担着集团公司发展重任，但受限于瓦斯等各类灾害制约，以及近年来跌宕起伏的煤炭市场形势影响，矿井一直未走出点多、线长、面广等困境，造成矿井人员总数居高不下，受历史客观因素影响，积累了一批长期不上班职工。前期由于考勤系统不完善、管理制度不健全，一些单位为了多开支、吃空头，不愿拿出这批职工。因此，作为矿方想要排查出这批职工，困难难度巨大，造成人力资源管理粗放，给矿井发展带来沉重负担。

“安全伙伴”实行一月一签订一审核管理，“安全伙伴”奖励的发放不仅要在区队公示，经受矿厂务公开检查和职工监督，还要提交矿人力资源、安检等部门，通过考勤系统、“安全伙伴”协议书、厂务公开进行“三对照”，实现了职工出勤情况的动态监管。可以说，通过签订伙伴，实现了对现有在册人数的出勤情况每月一排查，让不上班人员无处遁形。

延伸阅读

为保证各单位"安全伙伴"考核兑现结果的真实、合规,一方面为杜绝"安全伙伴"奖励当福利发的现象,另一方面为矿人力资源管理提供了数据支撑。每月,安检科联合人力资源科、纪委等相关业务主管部门对各单位"安全伙伴"兑现情况进行督查检查,经过一年多来持续督查检查,不仅杜绝了"安全伙伴"奖励的弄虚作假,也进一步掌握了各单位人员构成情况。这期间,为确保检查活动高效有序开展,特制定"安全伙伴"奖励督查检查细则,具体如下:

为保证各单位"安全伙伴"考核兑现结果的真实、合规,杜绝"安全伙伴"奖励当福利发的现象。安检科联合纪委及相关业务主管部门按照"三对照"原则对各单位 "安全伙伴"兑现情况进行检查,检查方案如下:

(1)"安全伙伴"协议书、"安全伙伴"考核结果表、发放汇总表是否进行公示,"安全伙伴"协议书是否张贴公示。

(2)"安全伙伴"协议书、"安全伙伴"考核结果表、发放汇总表中职工兑现信息是否一致。

(3)没有签订"安全伙伴"协议书的人员,是否违规兑现"安全伙伴"奖励。

(4)安全考核、入井出勤考核、职工培训考核等考核不合格人员和请假人员是否违规兑现"安全伙伴"奖励。

(5)个别干部职工是否违规超标准兑现安全伙伴奖励。

(6)被取消或减兑"安全伙伴"奖励的单位或个人,当月递增奖励是否归零,次月是否按基础月度奖励标准执行。

(7)取消双方"安全伙伴"奖励,是否只取消单方伙伴奖励。

(8)出勤入井不合格人员,与之签订协议书的职工是否取消伙伴奖励。

(9)职工请假被取消"安全伙伴"奖励的,请假手续是否齐全,没有请假手续的要取消伙伴双方"安全伙伴"奖励。

启示

不上班不开资是原则问题,"安全伙伴"管理体系针对不上班人员实行制度上的打击,让干部职工从制度出发,撇开情感上的束缚,通过全员的监督和排查,将不上班人员真正揪出来,从根源上杜绝侵占他人劳动成果行为。

二、面子上打击上花班

随着社会进步和物质生活水平的不断提高,煤矿行业由于其作业环境相对恶劣,不仅面临招工难,还面临用工难等问题,而且一些新入职的青年职工多为家中独生子,习惯了温室中的生活环境,吃苦耐劳精神不足,上花班现象较为普遍,靠苦口婆心和纪律处罚收效甚微。必须结合当下人们更加注重精神生活,重视自身形象的时代特点,以及青年人性格开放,具有正确价值观的人性特点,开展创新管理,在物质上满足的基础上,给予面子上"照顾"。

"安全伙伴"管理体系与安全抵押金制度的最大区别在于需要签订伙伴协议书,而且签订伙伴协议书的最大特点是必须秉承自愿签订原则,即使是区队干部也无权指定签订对象。因此,无人与其签订协议就拿不到“安全伙伴”奖励,没有签订“安全伙伴”协议书的人员名单也会每月在区队进行公布,让上花班人员直接上了“黑名单”,不仅得不到票子,更是没有一点面子。

延伸阅读

有人成了“香饽饽”,有人在悄悄改变。争创星级“安全伙伴”活动为什么能取得这样好的效果?职工最有发言权。

“以前总觉得产量是矿上的事,跟我没啥关系,我的出勤是我自己的事,别人也管不着。但是,现在不一样了。单位生产任务完成的好坏,直接影响我的收入;自己出勤少,‘伙伴’就拿不到奖金。这个活动把所有的事和人都绑在了一起,大家的心也就想到了一起,劲就用到了一处。”该矿掘进二队职工牛火强说。

该活动开始后,牛火强的思想和行为都在改变。以前,牛火强每月出勤数都不多,觉得干不干都一样。3 月份,工友们都拒绝和他签订“安全伙伴”协议,这件事对他影响很大。没人和他签“安全伙伴”协议,就意味着他每月要少拿几百元奖金,没钱不说还没面子。最后,还是牛火强的班长薛军涛和他签订了“安全伙伴”协议,但条件是牛火强要保证每月出勤 21 个班以上。有了这样的经历后,牛火强也憋了一股劲,当月出勤 25 个班。此后的这几个月,他一直保持了这样的状态。

“今后,我还要好好地学技术。在我们这里,每月签‘安全伙伴’协议时,安全意识强、技术好、上班勤的职工就像明星一样受追捧。”牛火强有了自己的目标。

优秀的职工不仅能通过争创星级“安全伙伴”活动拿到高工资，还很“圈粉”。10 月初，该矿掘进三队有两名机电工，都想和该队机电班班长签“安全伙伴”协议，为此“争”了好长时间。最后，二人达成了轮流与班长当“安全伙伴”的协议。

启示

上花班是煤矿年轻人的普遍想象，“安全伙伴”管理体系针对大多数年轻人爱面子的特点，以大幅降低上花班人员的工资为基础，以张榜公示上花班为抓手，让其在面子上挂不住，经济上受损失，是扭转青年职工上花班思想的创新手段。

三、情感上打击上假班

八矿不仅具备完整规范的安全生产系统，而且民生保障工程相对完善，周边建设有 5 个大型职工家属区，各项配套设施健全，职工工作圈与生活圈相互交融。通过长期以来的发展，职工之间的工友情已经上升到了邻里情、兄弟情，同单位居住在同小区的现象较为普遍，这也为“安全伙伴”管理体系为解决出勤不出工现象提供了基础条件。

“安全伙伴”协议书签订要求必须同班人员互相签订，即使签订秉承自愿原则，但绝大部分职工愿意同生活联系密切的工友签订伙伴协议，这也间接落入“安全伙伴”管理体系的“陷阱”。使职工在日常工作中将感情义气纠缠在一起，让安全上互相提醒、工作上互相帮忙成为常态。倘若一方违背契约，出现出勤不出力现象，不仅要在工作圈中受到伙伴和区队管理者的批评，甚至会在生活圈中受到邻里和亲友的孤立,也需要承担内心的自责。

延伸阅读

“喂,小张吗?你升井了啊。俺家老李和你一个班,还是‘安全伙伴’,平时都是同时上下井,今天这都几点了,电话也打不通,是不是还没升井呢?不会是出啥事了吧。”电话这边,平时上八点班5点都升井的老公,今天7点了还联系不上,焦急的李嫂给老公的“安全伙伴”小张打去了电话。

“呃,没事啊。我今天急着升井,班长好像找李哥有事,我没等他就升井了,估计快了吧。”心虚的小张匆忙的解释道。

原来,小张一个朋友今天从外地过来找他,急着早点升井陪兄弟喝酒的小张,收拾完工具,顾不得搞好文明生产工作就匆忙升了井,留下了一个烂摊子给自己的伙伴老李。

“你看看你干的是啥事?平时干活就毛毛躁躁、挑肥拣瘦,要不是李哥是咱以前小区的老邻居,人家愿意给你结伙伴,都没人愿意给你结。刚才,李哥刚升井就打过来电话,说让你少喝点,别影响明天上班。”到了晚上9点,小张媳妇看着醉醺醺的小张从外面回来,气不打一处来。

“哎,这事确实是我做得不对,明天跟李哥一块下井,我得让他歇歇,我多干点。这不,外地朋友给我带的土特产,明天你给李嫂送过去,替我赔个不是。”满脸愧疚的小李顿时酒意全无。

启示

上假班是出勤不出力的一种现象,“安全伙伴”管理体系将上假班交付给伙伴监督，对于工作中不好好干活、耍滑头的，用伙伴之间日常的感情进行约束，使上假班人员在感情上无法面对自身伙伴，逐渐对自己扯伙伴后腿感到自责，倒逼其干好本职工作。

第三节　打动人心

企业的管理不仅要有力度，更要有温度，应能够在工作生活上打动职工。打动职工，就是要为职工提供相匹配的工资，做到待遇留人；就是要给予职工相应的尊重，让职工感受劳动者的光荣；就是要公平公正对待每一名职工，充分彰显“工资是劳动挣来的”的价值理念。

一、用待遇打动职工

随着中国经济不断发展壮大，各行各业如雨后春笋争相涌现，创业环境氛围良好。而且，互联网、新媒体等行业的快速发展，不管是在员工待遇还是发展前景上，对传统制造业造成较大冲击。煤矿作为老牌能源行业，不管是工资待遇，还是工作环境与其他行业相比已经没有优势可言，个别职工另谋职业现象也较为普遍，一些职工也利用休息时间干起了临时工，不仅造成日常工作效率不高，也为安全生产埋下隐患。如何解决此种现象，是摆在各个传统行业面前的老大难问题。

八矿实行“安全伙伴”管理体系，将原有职工安全抵押金 200 元左右，提升到最高 800 元，并视矿井安全生产效益情况进行不同比例加发，而且视矿井发展情况，逐步将“安全伙伴”奖励这块“蛋糕”做大，使“安全伙伴”奖励所占工资比例不断提高，一旦有职工拿不到奖励，其他正常兑现职工将拿到更加丰厚奖励，进一步通过提升正常出勤职工待遇激发其出勤积极性。

延伸阅读

2019 年之前，由于八矿人员众多，虽然产量较集团公司兄弟单位相比不算少，但人均工资一直处于下游水平，最高月工资仅为 6100 元左右。进入 2019 年，得益于“安全伙伴”的实行，矿井安全生产积极性大幅提升，矿井经营效益实现了较大突破，职工工资也随之水涨船高，年人均工资达到了 7.3 万元，同比增加 1 万元，上涨 16%，创下矿井职工收入新纪录。

“进入 2019 年，得益于矿井的发展和‘安全伙伴’奖励的运行，八矿在岗职工收入实现了较大突破，人均月工资 7 次打破之前纪录，最高达到了 7100 元，人均工资进入集团上游水平。作为八矿工资管理方面负责人，在从事多年工资分配的工作中，这是我没想到的。”八矿人力资源科相关负责人说道。

启示

职工上班就是为了挣钱，“安全伙伴”管理体系用待遇打动职工，就是抓住职工这一心理，将企业发展所取得成果更多地给予职工，工资高了，职工的干劲就高了，职工的认同感就强了，进而达到反哺企业发展的积极作用。

二、用尊重打动职工

随着物质生活的不断提高,人们对精神文明生活追求也在不断提升,特别是广大劳动者,不仅要生活,更要体面和有尊严的工作和生活。2016 年 1 月 5 日,国家总理李克强同志在山西焦煤集团官地矿视察时强调:"你们自己常年在黑暗的井下工作,却照亮了他人。有人说你们是煤黑子,我说你们是煤亮子。煤炭工人不仅是山西的脊梁,也是国家的脊梁"。虽然,煤矿井下特殊的作业环境决定了煤矿职工短期内不能摆脱脸上的"煤黑子"形象,但如何让职工有尊严的生活工作,成为大家心目中的"煤亮子",既是时代赋予煤矿企业管理者的历史使命,也是煤矿职工所期所盼。

"安全伙伴"管理体系不仅倾向于一线职工,关键是面向全矿,不管岗位分工、职位高低和方式方法,只要在合规合法的范围内,为矿井发展做出贡献的职工都可以享受此项待遇。而且经相关部门审定,可视做出贡献值大小,给予相匹配的奖励,不断提升广大劳动者存在感和荣誉感。可以说,"安全伙伴"管理体系是对劳动者最好的赞美,是尊重每位劳动者具体体现,真正让劳动精神永闪光芒。

延伸阅读

八矿团委攻防转换 助力安全生产、疫情防控双胜利

坚持一手抓疫情防控。八矿团委早中晚对矿区井口疫情巡查,加强三班班前会后时段巡查,对入井口聚集闲谈、抽烟职工进行劝阻,引导职工提高防疫意识,正确规范佩戴口罩;对 4 班 26 趟通勤车乘车人

员进行检查,每天检查超600人次,包括口罩佩戴情况、体温温度、入矿证明等,严禁不佩戴口罩、体温异常、没有入矿证明人员乘车;在西大门、涵洞口协助保卫科做好检查,认真仔细测量职工体温,严格落实矿区防疫工作要求,平均每天检查入矿职工超过3000人次,对不配合、体温异常、非本矿人员严禁进入矿区;开展基层单位疫情防控督查工作,安排4人分成2组对青岗线挂包10家单位人员出勤、文件精神宣传贯彻、体温计配备、体温测量情况、台账建立、班前会职工口罩佩戴等防疫措施进行督导检查。

坚持一手抓安全生产。八矿团委在做好疫情防控工作同时,抽调青年团干投身井下一线,积极承担了己15-21030智能化采煤工作面建设中信号线铺设、机巷水沟清淤、巷道文明生产等工作,努力弥补疫情期间出勤人员不足等问题,为矿井首个智能化采煤工作面建设贡献青春力量。

启示

职工参与企业发展,不仅需要获得相应报酬,更需要得到企业的认同和尊重,“安全伙伴”管理体系契合职工心理预期,对职工在工作中做出贡献的大小,给予不同程度的肯定,并发放相应物质奖励,提升职工对企业的归属感。

三、用公平打动职工

作为煤矿职工,特别是中国平煤神马集团的煤矿职工,在经历了煤炭寒冬时期,每月开支只有100元、200元、300元,但依然挺了过来。这期间,一线职工坚守岗位,技术骨干、核心人员没有流失。一方面得益于良好的企业文化氛围,另一方面就在于公平、公正的分配原则,煤矿工人不怕过苦日子,就怕得不到公平的对待。但产业多元化的发展,职工收入普遍增高,收入差距不够明显,导致不同工种对自身从事工作所带来的回报产生质疑。特别是,在大型国有企业中,个别职工托关系、找人情现象依然存在,不上班开支现象仍未杜绝,造成在岗职工情绪颇大。

通过开展"安全伙伴"管理体系建设,一方面让不上班人员无处遁形,另一方面也让不劳而获的想法竹篮打水一场空,有效遏制了人情工资。开展争创星级"安全伙伴"活动期间,矿井定期公示长期未签订协议书人员(也就是不出勤人员),让职工真正感受到没有不劳而获人员来瓜分自身的劳动付出,不仅为矿井管理层赢得了信任,也在全矿营造了清朗的干事创业氛围。

延伸阅读

良好的工资分配机制为"安全伙伴"管理体系创建打下坚实基础。八矿工资分配主要坚持以下六大原则:

(1)坚持效益导向的原则。岗位绩效工资由岗效工资、年功工资、各项津补贴和超额工资四部分组成。坚持"企业发展,职工共享"理念,工资总额与经济效益同步联动,矿井经济效益增,工资总额增;经济效益降,工资总额降。加大对效益好、业绩优、贡献大的单位工资总额倾斜力度,鼓励各战线通过科技创新、优化系统、降本增效、合编减员等多种方式方法降低成本、提高效益,确保完成年度经营目标,保障职工收入。

(2)坚持效率导向的原则。工资总额与劳动生产率同步联动,劳动生产率升,工资总额增;劳动生产率降,工资总额降。鼓励各战线优化人力资源配置,少用人、多减人、早减人,提升劳动生产率,真正实现减人增效增资。实行井下减人激励,鼓励深入推进“机械化、自动化、信息化、智能化”减人,提升生产作业效率。

(3)坚持市场化分配的原则。坚持同行业共同遵循的标准和制度,建立与矿井经营状况、个人业绩挂钩的职工工资收入决定机制,使职工由“企业人”向“社会人”转变,薪酬水平由“企业价位”向“社会价位”转变,真正实现岗动、薪动,易岗、易薪,业绩升、收入升,业绩降、收入降的收入分配格局。

(4)坚持差异化分配的原则。根据职工岗位责任、难度、风险、贡献等不同,实行差异化的考核分配办法,加大向关键、核心、紧缺急需及苦脏累险岗位倾斜力度,科学确定工资分配比例,根据我矿目标成本的最大承受能力,按照地面∶井下辅助∶采掘=1∶2∶3的分配比例核定工资基数,真正体现“工资是劳动挣来的”价值理念;同时,加大向高层次、高技术、高技能及技术要求高、责任重、贡献大的岗位倾斜力度,让一流人才拥有一流待遇,吸引、留住和凝聚矿井真正需要的人才。

(5)坚持推行结构工资制度的原则。为强化安全生产管理,提高安全生产标准化意识,提升工作效率,调动基层搞好培训工作的积极性,使工资分配更加科学化、合理化,基层单位的工资总额每月按照安全∶质量∶生产∶培训=3∶3∶3∶1的比例进行分配(具体细则由安检科、质量办和职教中心等相关部门另行制定)。

(6)坚持保障职工最低工资的原则。职工在提供正常劳动的情况下,最低收入不低于平顶山市最低工资标准。最低工资标准包含职工个人缴纳的“三险一金”(养老、医疗、失业保险费和住房公积金),不包含加班加点工资及各种津、补贴。若上级最低工资政策调整时,按政策随之调整。

启示

企业发展需要公平公正的环境,确保公平公正,待遇问题是关键,相对于政治待遇,大多数职工更加关注的是工资待遇。开展“安全伙伴”管理体系创建工作,实际也是重塑分配机制的过程,营造出公平公正的大环境,使职工开展工作前就知道应有的回报,进一步激发干工作的主动性。

第六章 『三促』保和谐

和谐不管是对社会而言，还是对企业发展而言，都是一项重要的战略任务，也是“以人为本”的鲜明体现。和谐稳定的企业环境有利于进一步明确目标、达成共识，朝着既定目标迈进；有利于进一步激发活力、增添动力，实现企业发展高质量；有利于职工群众安居乐业、幸福生活，促进社会大局稳定。但作为企业来讲，特别是八矿作为大型国有企业，发展前景广阔，吸引了全国东南西北各地人才汇聚于此，也使各方习俗、各地文化交汇于此。加之前期劳动力匮乏期间，劳务工、农民工的大量涌入，容易滋生不稳定因素，和谐矿井创建工作任务繁重。

“安全伙伴”管理体系明确了“职工行为”考核要素，涵盖了遵章守纪、担当作为、信访稳定等各个领域，不仅有力促进了矿区的和谐稳定，又发挥了示范引领的积极作用，为新形势下大力践行社会主义核心价值观提供了重要保障。

第一节 促团结

团结一致是将企业的战斗力发挥到极致的关键所在,如何保证团结,需要每个人规规矩矩、照章办事,需要管理层不计个人得失、担当奉献,需要企业具有浓厚的文化氛围,用文化感染人。

一、强化职工规矩意识

没有规矩不成方圆,大到一个国家,小到一个单位,规矩立不起来,就不能保证各项工作稳步推进,见不到实实在在的效果;就会像一盘散沙,毫无战斗力。特别是八矿作为中国平煤神马集团人口大矿之一,曾被称为“万人大矿”“亚洲第二人口大矿”。近年来,通过开展“一优三减”,人员总量虽然大幅降低,但依然拥有近 8300 多名职工,从 60 后到 00 后,从研究生到无学历人员,从汉族到布依族,人员构成和层次较为复杂,为实现统一思想认识、强化规矩意识增添了诸多困难。

“安全伙伴”管理体系实行矿、区队两级管理,矿层面规定大的方向和要素,具体的实施细节和考核内容各单位可根据工作实际自由搭配,对单位出现调皮捣蛋、不听指挥、不守规矩、不守纪律的职工,不管是工作方面、生活方面,只要对矿井发展造成负面影响,区队有权力取消“安全伙伴”奖励,为区队管理提供了最有效、最直接的管理机制,在基层各单位营造了规规矩矩做人、规规矩矩办事的良好氛围，是区队长日常管理的"不二法宝"。

延伸阅读

在区队管理中，基本上没有一个统一的管理标准，也往往会出现一些人情，导致一些想管的干部在思想上有所压力，想管又觉得你这干部不像其他干部有人情味。管得严、管得松都有所为难，致使基层单位管理较为混乱，干部在职工心目中的威严形象不能很好树立，导致各项工作推进有所困难。自从"安全伙伴"管理体系建立之后，区队长纷纷表示为他们抓好区队管理提供了统一标准和有效抓手，区队长可以通过"安全伙伴"奖，让调皮捣蛋、不听指挥的职工能够受到应有约束，不守队规队纪、不按照要求进行工作的都将视其情况对其"安全伙伴"奖进行调整，让真正守规矩、听指挥、能干活、干好活的职工拿到更多奖励，也间接的促使职工养成遵规守纪、快速执行的良好素质。基层区队长的管理压力也得到了释放，使区队管理逐渐走上正规化、标准化之路，提高了基层的管理水平，区队的战斗力也随之得到了持续提升。

启示

团结必须依靠个人讲规矩、守纪律，但在实际工作中往往会出现一些不规矩的行为，这些行为将会导致一个单位不能很好地开展工作，"安全伙伴"将规矩、纪律融入到日常管理中，使区队管理能够视职工是否遵章守纪给予相应"安全伙伴"奖的加减，为区队管理提供了有效的抓手。

二、强化干部担当精神

干部是一个企业发展的中坚力量，更是一个单位的“领头雁”，干部作风好坏直接影响着单位工作的好坏，间接影响着企业的健康有序发展。作为煤矿单位，大部分干部都是从煤矿工人走出来，在实现矿井高质量发展的历程中，需要干部与时俱进强化作风建设，但实际情况却出现了“三推”现象，即推责任、推任务、推时间，个别干部职工不想对自身和岗位工作负责、不能做到把工作当作职责、不能做到说到做到导致工作滞后。如何全面转变干部作风，使之在高质量发展中发挥好中流砥柱作用就成了当前必须要解决的一项重要课题。

“安全伙伴”体系的建设，旨在于用经济的杠杆有效解决作风不硬问题，在实际操作中，对于不能按照时间节点完成任务的，取消“安全伙伴”奖；对于不能高质量完成规定任务的，扣罚一定比例的“安全伙伴”奖；对于不能以身作则出现违规违纪现象的，不仅要取消“安全伙伴”奖，严重的移交司法部门处理。同时，把干部的“安全伙伴”奖设置更高标准，正职干部高于副职，副职高于职工，让达不到要求的干部切身感受到经济的损失，从而倒逼干部在其位谋其政，为矿井的高质量发展做出积极表率。

延伸阅读

干部是安全生产的“领头雁”，为了提高单产单进水平，八矿不仅对干部“安全伙伴”奖进行明确规定，同时要求一线采掘单位当日未完成生产计划的，本单位正职自主留守在矿 1 日；一线采掘战线当日未完成原煤生产和开掘进尺计划的,采煤和开掘战线领导、副总及业务科室负责人自主留守在矿1日。对一线服务单位,该矿要求当日发生30分钟以上影响生产事故的,事故单位正职要自主留守在矿1日;当日发生1小时以上影响生产事故的,事故战线领导、副总及事故战线业务科室负责人自主留守在矿1日。该措施执行以来,矿井在安全的前提下产量不断攀升。

而且在提高产量的同时,该矿还在提高产品附加值和降低生产成本上做文章,每日都召开煤质分析会,并增加己组、戊组适销、旺销煤种产量比重,己组、戊组煤产量占到总产量的90%以上。为推动工作落实,该矿成立督察督办工作组,对重点工作实行月初告知、月中督察、月底考核,并在月度大会上通报,持续强化过程管控,不断转变干部作风,提升工作效率。

启示

团结必须依靠干部讲担当、作表率。没有一个好的干部带领团队,这个集体将会缺少灵魂,没有灵魂的队伍是不会团结在一起的,"安全伙伴"将干部的担当作为纳入到"安全伙伴"奖励机制中,促使干部在急难险重面前能够冲在前、干在前,带领全体职工赢得人生出彩。

三、强化"八矿一家亲"理念

八矿建矿54年来,也是融合发展的54年,54年风雨兼程,在融合的过程中,来自五湖四海的兄弟姐妹,在这里相识相知,构建了自己的小家,从此八矿成为了他们的第二故乡。每一个小的家庭同气连枝,造就了八矿这个大的家庭,逐渐形成了“八矿一家亲、幸福一家人”的文化理念。但随着时代的发展,精神文明与物质文明没有齐头并进,导致了“各扫门前雪”的思想有所抬头,为将“八矿一家亲、幸福一家人”坚持下来,我们探索了一套行之有效的管理模式。

“安全伙伴”管理体系能够将工作中的好伙伴,延伸到生活中的好朋友,从而促进邻里关系和谐、工友关系和睦。实际操作中,我们的职工为了保证自己的伙伴能够正常出勤、安全工作,时常会主动解开工友的思想疙瘩,或者帮助其改掉一些不良行为,从而促进家庭、单位、矿区的和谐稳定,在一定程度上为社会注入了正能量,为建设和谐社会贡献了八矿力量。

延伸阅读

“张哥,下着雨你还赶来修电器,真是太感谢了。”前不久,八矿掘进三队职工张坤正来到该矿家属区一户职工家修理电视机,那位职工非常感谢。

认识张坤正的人都说他忠厚朴实,是个热心肠。因为他在掘进三队是机电工,精通机电维修,所以身边的朋友、同事总找他帮着维修家用电器。每当别人想给他酬劳时,他总说举手之劳,用不着。

除了帮朋友、邻里、同事义务维修家用电器,张坤正还义务给职工进行电工培训。“只要有人愿意学,我都会尽力教。”张坤正笑着说。

每当下班,都会有很多机电工登门拜访学习,他都会翻开自己的笔记本,认真给前来求教的职工讲解,直到让他们学会为止。为此,他的徒弟很多,有的走上了管理岗位。

掘进三队干部职工都称赞张坤正为人厚道，不但是队里的技术能手，还乐于帮助他人。

不久前，夜班交接班时，掘进三队一名职工说，亲戚从老家来，火车凌晨2点到站，他正发愁咋去接他们。刚下四点班的张坤正得知后，表示愿意帮忙。当晚，张坤正提前到火车站等候，把工友的亲戚送到指定地点，才开车返回自己家。

一次，下班后的张坤正看到该队几名职工要外出办事，就开车将他们送到了目的地。听说一名职工正在为儿子买房子四处筹钱，张坤正就在回去的路上，特意拐到这名职工家里，把口袋里的几千元钱塞给他的家人，说：“钱不多，你们先拿着用。”看着张坤正塞给自己的钱，这名职工的家人非常感动。

当被问到为什么这么喜欢帮助别人时，张坤正笑着说：“我就想为大家做一些力所能及的事，困难的时候帮一把，才能体现八矿一家亲。看到别人高兴，我就很快乐。”

八矿女工为职工缝补衣物

启示

团结必须依靠文化强引领、促和谐。形成一个好的文化，是企业发展到一定程度必须具备的重要标志，“安全伙伴”将“八矿一家亲”的文化理念植入其中，为广大干部职工建立起一条感情的纽带，将干部职工联系在一起，使其在工作生活中互相帮助、互促互进。

第二节　促稳定

稳定的外部市场环境是企业效益增长的保障，稳定的内部环境是生产力增长的保障。促进企业和谐稳定，个人自我调节是先决条件，同事互帮互助是重要抓手，干部履职尽责是兜底保障。

一、提升个人的自我调节能力

2019 年以来，随着中国平煤神马集团高质量转型发展步伐的加快，陆续出台了近 50 项改革举措，工资分配、转岗分流等与职工切身利益密切相关的措施持续走深走实。部分职工站位不高、大局意识不强，不能站在企业长久发展来看待改革，只考虑自己的一亩三分地，盘算自身的小九九，不能很好适应集团的改革步伐，制约了集团高质量转型发展，更为矿井带来了沉重的信访压力。

“安全伙伴”管理体系的建设，为解决职工在企业改革发展中不合理诉求探索了一条可行办法。对职工不合理越级上访进行明确规定，每出现一起将取消本单位所有人员“安全伙伴”奖励，致使非正常信访人员在行动前会考虑个人行为对个人、伙伴、单位带来的损失，考虑事后将面临全队干部职工指责带来的压力，促使非正常上访人员做到三思而后行，真正把苗头性问题扼杀在摇篮里，确保了矿井改革发展的大局稳定。

延伸阅读

2019年以来，八矿工资如芝麻开花节节高。今年3月份，小尹因为生病休息了一段时间，一个月下来没出几个工，再加上拿不到“安全伙伴”奖，整体工资与其他工友差距特别大，便对病假工资产生质疑，憋了一肚子气想找矿领导反映问题。

走到半路，小尹越想越不对，心中暗道：“虽然这次病假自己得不到‘安全伙伴’奖了，但是因为自己是病假，而且履行了正常请销假手续，伙伴李哥照常拿到了‘安全伙伴’奖励。如果自己直接去找矿领导，相当于非正常上访了，到时候不光是李哥，怕是全队的“安全伙伴”奖都拿不到，那自己回去还哪有脸在队里混啊。”小尹心里犯起了嘀咕。

“对了，直接去问管工资的不就得了，咱又不是闹事，是咨询的，怕是不影响吧?”抱着生怕影响他人“安全伙伴”奖的心情，小尹走进了人力资源科的大门。

“平顶山市最低工资标准是1900元，但是那指的是毛钱，你之前工资那么高，这‘五险一金’扣的就多，这一扣可不是不到1000块钱。你看，你们的工资条上写得明明白白，你不能光看下面实付，不看上面总数啊，这可都是你的钱。”经过人力资源科相关人员的一番解释，小尹终于明白了为什么自己工资低的原因，一阵感谢后便退出了办公室。

“幸亏自己犟脾气没上来，不然这次怕是鸡飞蛋打一场空，自己丢了人，还得罪全队跟着丢票子。”问题解决了，而且没有影响到别人，小尹也终于如释重负高高兴兴的找队里销假去了。

启示

个人稳定是矿井稳定的根源所在，但企业中每个人的想法是多元的，每个人的利益诉求出发点是不一致的，"安全伙伴"将个人行为与"安全伙伴"奖进行挂钩，当职工出现不合理诉求时，会因为考虑伙伴、单位同事的利益而进行自我开导，真正在思想上影响和改变个人不良行为。

二、彰显伙伴的情感助手作用

当前，不管是政府还是企业都高度重视信访稳定工作，主要负责人均为信访稳定第一责任人。但在解决职工不合理上访方面，渠道较为单一，方式陈旧，职工群众对信访稳定部门信任度不高，没有切实发挥部门职能作用，导致国有企业中非正常上访现象屡见不鲜，对职工个人身心健康、企业外在形象、社会大局稳定，均带来了严重的负面影响。

"安全伙伴"管理体系在解决非正常上访现象，动员各级、各层、各种力量，从思想上、源头上解决非正常上访事件。特别是利用伙伴的纽带，及时发现苗头性问题，鼓励伙伴之间进行相互开导，不能解决的，及时上报本单位负责人进行沟通，真正通过各层级力量有效化解力所能及的非访问题，做到小事有商量、大事有人管、矛盾不激化、问题不上交，矿区大和谐。

延伸阅读

小方是八矿掘进二队的新职工，未婚，和家人一块住在八矿东单家属区顶层,但房屋因年代久远,加上近日多雨,导致房屋漏水。

“这房子漏水了,打生活调度热线,光说等雨停了再来看看,我去找矿长说理去,我都不信了,职工没地方住了,矿上不管。”小方的母亲是矿上退休职工,也是个急脾气,说着就要推门而出。

“虽然这房子是矿上分的,但是早多少年咱都办了房产证了,这属于我们个人财产。虽然,矿上有时候给我们修修补补,那是矿上给职工的福利,按法律规定,矿上是没有义务给咱修理的。”小方虽然年轻,但好学上进,对矿上政策有所了解,说着连忙拦下了母亲。

“咋了,啥事啊? 真大动静。”正当小方和母亲争论的时候,楼下邻居马大哥也是小方的班长,正好从外面买菜回来,听到了楼上的议论声。

在得知情况后马大哥说道:“姨呀,这就是你的不对了,小方刚才给你说得多清楚,你这去矿上闹,于情于理都说不过去啊。”

“而且,现在矿上发‘安全伙伴’奖,小方现在都是 8 星级了,平时不仅干活踏实,还好学上进,是队里重点培养的好苗子,你这一闹,全队‘安全伙伴’奖都没了,对小方影响可不好啊。”

“再说了,小方在队里跟我一个班,我就是看他勤快好学,跟他结的伙伴,你这一闹,怕是俺俩‘安全伙伴’奖都没咯,这下来就是实打实的损失 2000 块,自己掏钱修也花不了这么多吧。”

马大哥一口气说下来,让小方母亲深感愧疚,连声说道:“不找了,不找了,姨心直口快,头发长见识短,叫你这一说,真是怪不好意思的。”

“姨呀,老观念得改了,企业是咱的家,但是总不能啥事都找家长吧。这不,天马上放晴了,一会我和小方去买点胶,我给你房子补补,谁叫俺俩是‘伙伴’哩。”

启示

伙伴调解是矿井稳定的有效抓手,但大多数企业中工友之间仅限于工作上的交流,很少能够帮助自己的工友解解思想疙瘩,"安全伙伴"将工友之间的感情升华为朋友之间的关系,朋友之间的无话不谈,可以使一些不良情绪在一定程度上化解在交流之中,从而避免一些不良行为的出现。

三、深化干部"一家之主"观念

每个家庭都有个主事人,这就是我们常说的一家之主。一家之主不仅要负责家庭的日常开支,还要梳理家庭成员的思想和心理问题,这样的家庭才能家和万事兴。每个单位就像一个家庭一样,都需要主要领导来主持工作,不仅要作生产的行家里手,还要做琐事的处理能手,如何让干部的"一家之主"观念落实到实际行动中,是一个单位能够办成事、办好事、办大事的重要前提。

"安全伙伴"管理体系的建立,旨在促进干部树牢"一家之主"观念,履行"一岗双责",在领导岗位冲锋陷阵上当好排头,在急难险重中勇于担当,在解疑释惑中注重方式。特别是,将单位信访事件与基层单位党政正职的"安全伙伴"奖挂钩,促使主要负责人不得不去主动关注职工思想动态,调解职工之间矛盾,化解存在风险,真正激发干部能动性,进一步树立基层干部的权威和形象,为更好地开展工作铺就一条良性发展之路。

延伸阅读

小王是八矿开掘某队职工，小白是八矿维修某队职工，这一天俩人在已五采区轨道运输大巷因为谁先下料起了争执。小白因为仗着业务熟练，虽然来得晚，但提前报了运料计划，得理不饶人，多说了两句。年轻气盛的小王推了小白一把，碍不住面子的俩人顿时扭打在一块，幸亏旁边工友及时将其分开。扭打过程中，导致小白手掌擦伤，但怕因为打架丢了“安全伙伴”奖，俩人升井后都嘱咐工友不要给队里说。

回到家后，吃了亏的小白两杯酒下肚忍不住多说了两句，让其媳妇听到了，要找队领导讨要说法。小白酒劲儿上来犯了糊涂，跟着媳妇一块到队里找领导。队里值班干部张队长得知情况后，一边对小白进行安抚，一边联系开掘队的武队长。武队长得知情况后，一边联系小王，一边赶到了维修队。

“小王我知道，干工作抢着干，人是个好人，就是一根筋、急脾气，刚才电话里我已经教训他了，让他当面过来给你赔礼道歉。”开掘队武队长说道。

“现在形势好，大家都是为了多干点工作，多拿点工资，工作态度上可能急了点，这事就是误会，小白做得也有不对的地方，等小王过来说开了就好了。”维修队张队长说道。

正说着，只见小王低着头，手里提了两瓶白酒走进来，“白哥，虽然咱俩都互相动手了，但是我动手在先，而且还导致你受伤了，升井后联系了一圈才找到你住址，买两瓶酒准备到家里看看你，正走半路上，武队给我打电话了。兄弟年轻，在这给您道歉了，您当哥的别跟我一般见识。”

这一弄，反而是小白和媳妇坐不住了，“小王说哪了，咱俩井下干活照面不是一两次，仗着比你早来矿几年，工作程序上更熟练，说话不把风，哥应该给你道歉才是。”

最终，在两人的互相道歉声中结束了这场闹剧。

启示

干部担当是矿井稳定的有效保障，好的干部不仅做我们工作上的领头羊，更要做单位这个大家庭的“一家之主”，处理一些非工作事宜，“安全伙伴”将干部对工作的担当延伸到对职工思想行为的关注，在出现苗头性问题时，能够及时做好相应的化解工作，让职工工作顺心顺意，不出现影响大局的极端行为。

第三节 促正气

正气是社会文明的重要标志,也是人类广泛的价值追求。在当前,作为国有企业,弘扬社会正能量是必须承担的责任和义务。

一、树立新时代矿工形象

时代在进步,矿工作为众多产业工人组成的重要部分,不仅要与企业同享发展成果,树立新时代矿工的新形象,彻底改变人们对矿工不修边幅的老印象,必须要在为职工提供良好的工作生活环境的基础上,对煤矿职工的道德准则、行为准则进行规范,不仅使煤矿职工在工作上是一把好手,在社会活动中也是正能量的代表。

“安全伙伴”管理体系的建立,将职工讲正气、树新风等新时代道德标准纳入“安全伙伴”考核中去,针对在上班区域喝酒打牌的,不执行队风队纪的,特别是疫情等特殊时期,不听指挥、擅自行动,对矿井和他人带来不良影响的,不仅对本人、伙伴及相关领导进行处罚,还要将“安全伙伴”奖励进行取消。针对身边和社会上的好人好事,不仅在精神上进行鼓励,将其树立为楷模,更在物质上进行奖励,对其“安全伙伴”奖进行翻倍,促进职工树立良好形象。

延伸阅读

在八矿,提起运输二队副队长李朋飞,很多人都会由衷地说一声:朋飞,真是个好人。

从2008年开始,李朋飞就义务照顾该矿几名孤寡老人的生活,即使曾被误解也从未想过放弃。平时,他还积极关心身边的人,带动很多人和他一起投入到公益事业中。虽然这些年帮助过很多人,做了很多好事,但李朋飞并没有因此觉得自己有多了不起。

"我只是想把我感受到的来自企业的温暖都传递出去,让更多人感受到。"4月15日,李朋飞告诉记者,他愿意成为企业里一粒播撒爱的种子,让感恩企业的情怀在更多人心中生根发芽,使企业越来越和谐。

感恩企业,是李朋飞一直藏在心底的情愫。"企业发展,职工共享。上班这些年,我深刻感受到了这句话的含义。"李朋飞说,"要是没有企业,我一个农村孩子,怎么能获得如今的好生活。"

李朋飞家在农村,从小家里并不富裕。来到八矿上班后,他们家的生活越来越好。"这些年多亏了企业,让我和家人的生活越过越好。矿上还给了我很多荣誉,现在又让我当运输二队的副队长,我会好好工作回报企业。"李朋飞说。

李朋飞回报企业的方式是在工作中多作贡献,在生活中多做好事。4月6日晚上,李朋飞路过天昊公司附近时捡到了一部苹果牌手机。当时,他心想失主肯定着急,要赶紧把手机还给失主。当他想打开手机寻找失主信息时,手机没电了。因为没有苹果牌手机的充电器,李朋飞只能在第二天到单位后向同事借充电器给手机充电。可充完电他才发现手机设有密码。无奈,他只能在自己的微信朋友圈发布捡到手机的信息。之后，他又找来修手机的朋友，希望能破解密码。最终手机被解锁，他联系到了失主的家人。失主是八矿金属制品修造厂职工杨付杰的爱人。4 月 8 日上午，杨付杰来到运输二队找到李朋飞，取走手机并表达了自己的感谢。其实，这些年，想对李朋飞表达感谢的人还有很多。

关书梅是和李朋飞住在同一个小区的孤寡老人。2008 年，了解到关书梅的情况后，李朋飞就经常帮老人买菜、干家务，陪她聊天。关书梅家的电视机坏了，李朋飞就把自己家卧室里的电视机给老人送了过去。和关书梅相处一段时间后，李朋飞发现孤寡老人在生活中会遇到很多麻烦。为了让孤寡老人晚年幸福，他开始义务照顾张玉荣等其他几位孤寡老人。

起初，李朋飞的行为不被人理解。曾有人对他说：“你这么尽心，肯定是有所图谋。”还有一位得到过他照顾的老人说：“你照顾我，肯定是矿上给你钱了。”虽然无私的付出被质疑，但是李朋飞并没有退缩。他说：“时间会给出答案。”的确，时间给了最好的答案：越来越多的人开始理解、敬重李朋飞，并聚集到他的身边，加入到他的爱心团队。

2011 年，在集团工会、团委和八矿的支持下，八矿“朋飞爱心志愿服务队”正式成立。李朋飞担任队长，志愿者来自矿各单位。他们利用自己的时间、技能，无偿为矿区孤寡老人提供志愿服务。

这么多年来，李朋飞不仅无私助人、传递温暖，而且不管在什么时候，只要企业有需要，他就愿意站出来。今年年初，突如其来的疫情扰乱了大家的工作和生活。在大家惶惶不安的时候，李朋飞背起消毒装备，化身社区“守门者”，对社区各处进行杀菌消毒；拿起菜篮子，成为“采购员”，给小区居民采购新鲜蔬菜和生活用品。元宵节那天，他还自掏腰包在超市购买了汤圆，为守护在矿区的职工送去了温暖。

疫情稳定后，作为运输二队副队长，李朋飞又将重心放在全力"抢时间、夺损失、保全年"上。4 月 2 日，该队轨道班班长李广利在微信工作群中发送了一条消息：平硐下车场联络巷的水沟因煤泥堵塞，影响井下的安全生产。李朋飞看到后，立马向队领导和该矿调度室汇报，并带领该班职工对水沟进行清理。水沟的煤泥清理干净后，李朋飞浑身被汗水浸湿，衣服上也沾满泥污，但他甘之如饴。

"咱幸福生活的基础还是要好好工作，只有企业发展得更好了，我们的生活才能越过越好，我才有能力去帮助更多人，传递更多温暖。"李朋飞说。

八矿召开 2019 年度"最美八矿人""最美家庭"颁奖典礼

启示

良好的个人形象是拥有正气的鲜明体现，每一名干部职工都是企业形象的代言人,干部职工的个人形象直接影响着社会对企业的认知。“安全伙伴”视个人形象的好坏对相应人员进行奖励,是引导广大干部职工积极为社会做贡献的重要手段,在提升企业形象的基础上,逐渐影响和带动着周边的风气。

二、坚持依法办矿理念

习近平总书记指出,法律是治国之重器,法治是国家治理体系和治理能力的重要依托。实现依法治企,是落实全面依法治国战略的重要组成部分,是推动中央企业战略升级和改革发展的重要保障,也是提高竞争力的必经之路。但煤矿单位法律人才缺乏,在维护矿井利益方面有所不足;煤矿工人受自身学历和生活履历局限,对法律知识的认知存在盲区,导致法律意识淡薄,容易过激处理问题,造成对他人和自身不必要的伤害。

“安全伙伴”管理体系的建立,不仅对安全工作进行了规范,更要求将法治理念贯穿到各项工作中去,对矿井应对涉诉案件的,对做好日常普法、送法的,对持续完善矿井法律程序的,将视普法效果的好坏,干部职工法治意识的提升,维护矿井利益情况,对相关部门、相关人员进行“安全伙伴”奖加发,激发矿井法务人员积极性,为依法办矿打下坚实基础。

延伸阅读

八矿开展“安全伙伴”管理体系建设一年来,法律事务工作取得长足进展,简要概括为“三严、两保、一强化”。

"三严"即严格准入、严格管理、严格审核

一是严格人员准入,做到了打铁自身硬。八矿高度重视法律事务工作,设立了专职部门(司法所),配备了4名法律事务人员,其中2人取得企业法律顾问资格证和法律职业资格证,队伍能力过硬。同时,根据上级要求,结合矿井实际,制定了《法律事务管理办法》《合同管理办法》和《诉讼管理办法》等管理规定,各项管理制度健全。

二是严格印章管理,做到了办事守规矩。八矿严格按照有关要求,实行公章、领导名章专人负责保管制度,明确公章存放使用场所。对确因特殊原因外带使用的,必须经主要领导和相关部门批准,由专人携带前往。同时,严格履行用印审批登记制度,对涉及工商登记、产权变更等重大事项的,必须经主要领导签字审批;领导名章使用必须经办公室批准、领导本人签字方可使用。近年来,我矿未出现私用公章名章、公章丢失、被盗等现象。

三是严格合同审核,做到了超前防风险。八矿对涉及"三重一大"事项的合同,送审时必须提交《"三重一大"事项报告申请表》及相关会议决议文件。同时,强化事前审核,对合同标的超过300万元的外部合同提前报送集团法律事务部审核。实行多重审批制度,要求纪委、经营等部门参与合同的审核。建立了合同台账,对已签合同进行整理、归档、装订成册。增加了安全生产管理协议,凡与我矿签订合同的同时,必须签订安全生产管理协议。2019年以来,我矿共审查合同512份,审查安全管理协议52份,合同标的额达到3.05亿元,提出法律意见和建议500多条,有效防范化解合同风险,没有发生合同纠纷现象。

"两保"即保障合法权益、保障知识产权。

一是保障合法权益,严格纠纷管理。由于八矿职工众多,针对案件类型多、案情复杂、涉及法律关系多等情况，我矿认真分析案情，适时调整策略，据理力争辩论，使案件走向始终沿着预期进展，确保企业权益不受损失。同时，为防范类似案件再次发生，及时总结案件成因，提出意见建议，使各项制度更加完善，堵塞管理漏洞。2019 年以来，我矿新增涉诉案件共 9 件，主要为劳动争议、执行异议、追偿权纠纷等，诉讼标的额 1040 多万元。目前，已结案 4 起，我矿均胜诉。

二是保障知识产权，激发创新活力。结合煤炭行业特殊性，针对知识产权保护意识薄弱等情况，我矿在科技合作研发中，明确要求各方必须以书面形式界定研发中产生的知识产权权属问题，充分保护发明人的利益，进一步激发全矿上下参与科技创新成果评比、“五小”创新成果评比等活动的积极性。

“一强化”即强化法治意识，开展多种形式宣传教育。

为解决煤矿职工法律意识淡薄、素质参差不齐等问题，在强化法制意识方面，八矿坚持学字当头，多方位开展学法规活动。

一是对照标准学。《民法典》颁布后，我矿及时对标对表，通过举办培训班、有奖问答、消夏晚会、送法到区队等多种形式，确保职工及时掌握相关法律知识。

二是抓住节点学。充分利用“全民国家安全教育日”“宪法宣传日”等时间节点，在矿区集中开展法治宣传教育活动。

三是结合形势学。结合疫情期间特殊形势，加大对集团《疫情期间法律风险防范指引》等学习力度，并根据实际案例制做相关宣传展板。

四是依托载体学。依托“学法规、抓落实、强管理”活动，重点讲解重大安全事故罪与强令冒险作业罪，以及被追究刑事责任的法律后果。

五是"以案促改"学。针对个别在岗职工发生的违法犯罪典型案例,重点讲解危险驾驶、盗窃等方面违法后果,用身边案例教育身边人。

启示

浓厚的法治氛围是弘扬正气的重要支撑,没有法治观念的职工,是不可能具备正义感的;不能做到依法办矿的矿井,必将最终走向末路。"安全伙伴"管理体系促进了矿井法律事务工作的进步,而较强的法律事务工作不仅维护了矿井和职工个人的根本权益,也为矿井各项工作顺利开展提供了法治支撑。

三、弘扬社会主义核心价值观

党的十八大报告创造性地提出24个字——"富强、民主、文明、和谐,自由、平等、公正、法治,爱国、敬业、诚信、友善",明确了社会主义核心价值观的概念内涵,昂然树起中华民族新时期的精神旗帜。24个字既是一个整体,又各有侧重,既是努力目标,又是行动指南,回答了我们要建设什么样的国家、建设什么样的社会、培育什么样的公民的重大问题。作为企业,必须要坚定不移弘扬社会主义核心价值观,让24个字融入到新时代矿工的血脉里,才能做到为企业高质量发展保驾护航。

"安全伙伴"管理体系的建立,将党员干部智慧党建、学习强国平台学习、先进人物事例对标、党员教育培训等工作纳入到考核中,对月度智慧党建、学习强国积分排名靠前的,以及学习强国答题挑战赛表现突出的人员进行奖励，真正通过“安全伙伴”奖，将社会主义核心价值观落到实处。

延伸阅读

1月18日早上7点，八矿供水队队长张志文在班前会上，和职工分享了一首在学习强国学习平台上学到的诗，鼓舞了职工的士气。

班前会结束后，张志文又先后打开学习强国、智慧党建学习平台学习党建知识。

只要有时间，张志文就通过这两个学习平台进行学习。张志文不断学习，不仅提高了自己的业务水平，还感染着队里职工。

“我一天不在学习强国、智慧党建学习平台上学习，就感觉少了点什么。”张志文说。

1月14日，该队职工高娜来到张志文的办公室。高娜一进门就问：“张队长，你在学习强国学习平台上的积分在全矿排名第二，我已经很努力了，就是赶不上你，你给我传授点学习经验吧。”

“我没有什么经验，你只要坚持学习就可以了。”张志文说，“这两个学习平台上的内容非常丰富，我们要养成良好的学习习惯，并把学到的知识应用到实际工作中。”

1月上旬的一天晚上，该队值班室接到紧急电话。原来，该矿经过附近村庄的供水管道破裂了，需要紧急抢修。张志文立即通知该队检修班班长查要锋组织人员前去抢修。

“查要锋不仅高标准学习党建知识，还高质量完成工作任务，是队里职工学习的榜样。”张志文说。

查要锋组织人员到抢修现场后，发现管道埋得太深，抢修困难重重。他对大家说:“我们要发扬红军不怕苦、不怕累的精神,坚决完成任务。”

查要锋第一个跳进水坑里抢修管道。最终,大家在天亮前完成了抢修任务。

在张志文、查要锋等人的带动下,现在,该队很多职工也开始利用学习强国、智慧党建学习平台进行学习。

该队经常举办党建知识答题赛,试题都是从学习强国、智慧党建学习平台上精挑细选的,参赛人员不仅能拿到奖金,还学习了党建知识。

“不管做什么事,都要持之以恒,只有这样,才能有明显的效果,也才能助力我们矿建成500万吨级矿井。”张志文说。

启示

正确的价值观念是正气的成长沃土,正确的价值得以引导正确的思想,而正确的思想则带来正确的行为。“安全伙伴”管理体系,及时结合新的形势、新的载体,对干部职工加强日常党的理论知识学习,提升思想认识提出了明确要求,为践行社会主义核心价值观提供了重要保障。

第七章

『安全伙伴』管理体系应用实践

第一节　找准安全"伙伴"关系

"安全伙伴"管理体系的建立和应用,不仅提升了企业安全管理能力,更全面把握住了与安全有关的各种"伙伴"关系,促使企业从多角度抓好安全工作。

安全与发展是长期战略型伙伴关系

安全是前提,发展是目的,上到国家、中到企业、下到个人,对在安全情况下实现发展的思想统一、目标一致,不发展就无法进步,没有安全一切发展无从谈起。

多年来,党和国家高度重视安全发展工作:

2005 年 8 月,时任中共中央总书记胡锦涛同志提出了安全发展理念。同年,安全发展被写入党的十六届五中全会文件。

2006 年 3 月,安全发展被写入国民经济发展"十一五"规划纲要;

2007 年 10 月,党的十七大报告明确提出,要坚持安全发展。

2008 年 10 月,党的十七届三中全会强调,能不能实现安全发展,是对我们党执政能力的一个重大考验。

2011 年,国务院 40 号文件将安全发展上升到国家战略,首次提出了要大力实施安全发展战略。

2012 年 3 月,时任国务院总理温家宝在政府工作报告中强调,要实施安全发展战略，加强安全生产监管，防止重特大事故发生。

特别是新时代下，以习近平同志为核心的党中央更加重视安全工作，提出了关于安全生产重要论述的“六大要点”和“十句硬话”：

六大要点：

一是强化红线意识，实施安全发展战略。

二是抓紧建立健全安全生产责任体系。

三是强化企业主体责任落实。

四是加快安全监管方面改革创新。

五是全面构建长效机制。

六是领导干部要敢于担当。

十句硬话：

一是人命关天，发展决不能以牺牲人的生命为代价，这必须作为一条不可逾越的红线。

二是落实安全生产责任制，要实行行业主管部门直接监管、安全监管部门综合监管、地方政府属地管理，坚持管行业必须管安全、管业务必须管安全、管生产必须管安全，而且要党政同责、一岗双责、齐抓共管。

三是当干部不要当的那么潇洒，要经常临事而惧，这是一种负责任的态度。要经常有睡不着、半夜惊醒的情况，当官当得太潇洒，准要出事。

四是对责任单位和责任人要打到疼处、痛处，让他们真正痛定思痛、痛改前非，有效防止悲剧重演。造成重大损失，如果责任照样拿高薪，拿高额奖金，还分红，那是不合理的。

五是安全生产必须警钟长鸣、常抓不懈，丝毫放松不得，否则会给国家和人民带来不可挽回的损失。

六是必须建立安全生产责任体系，强化企业主体责任，深化安全生产大检查，认真吸取教训，注重举一反三，全面加强安全生产工作。

七是所有企业都必须认真履行安全生产主体责任,做到安全投入到位、安全培训到位、基础管理到位、应急救援到位,确保安全生产。

八是安全生产要坚持防患于未然。要继续开展安全生产大检查,做到全覆盖、零容忍、严执法、重实效。要采用不发通知、不打招呼、不听汇报、不用陪同和接待,直奔基层、直插现场,暗查暗访,特别是要深查地下油气管网这样的隐蔽致灾隐患。要加大隐患整改治理力度,建立安全生产检查工作责任制,实行谁检查、谁签字、谁负责,做到不打折扣、不留死角、不走过场,务必见到成效。

九是要做到"一厂出事故、万厂受教育,一地有隐患、全国受警示"。

十是血的教训极为深刻,必须牢牢记取。各生产单位要强化安全生产第一意识,落实安全生产主体责任,加强安全生产能力基础建设,坚决遏制重特大安全生产事故发生。

安全与生产是辩证统一型伙伴关系

安全是前提,生产是目的,安全与生产相互依存,安全为了生产,生产必须安全。在安全的生产条件下,企业生产才能正常进行,经济水平健康才能稳定发展, 职工的安全、健康得到了保障,对职工队伍的思想稳定、调动人的积极性和创造性、提高劳动生产率、增加企业的经济效益具有十分重要的意义。我们在生产过程中,不应单纯考虑安全和生产到底谁重要,更不能把安全与生产放在对立面,而是要把精力放在整个过程中,既要首先保证安全,又要搞好生产。

安全与生产目标一致——为了发展。从发展顶层设计来看,在国家层面发展是第一要务,是解决中华民族伟大复兴的必要途径,在企业层面发展是第一要务,是企业能够长期保证健康有序发展的重要保证，但良好的发展都需要一个安全的内外部环境，面对错综复杂的外部安全环境，我们必须坚持以总体国家安全观为根本遵循，加强对外安全工作的顶层设计、底线思维、策略运筹和统筹协调，化解各种风险，塑造有利态势。特别是作为企业来说，必须要坚持发展与安全同步进行，绝对不能顾此失彼，只有这样，才能保证发展的稳定和可持续性，才能将企业做强做大做优。

从业务职能定位来看，任何国家、企业及形成的不同规模的机构，都必须配备安全管理人员。安全管理人员是一个国家、企业、机构的重要一员，是为安全发展保驾护航的忠诚卫士。主要任务是宣传安全生产的方针、政策，督促与安全生产有关的各项规章制度的贯彻。监督安全生产计划、反事故措施计划、安全技术劳动保护措施计划的执行。组织安全教育培训学习、考试。定期组织安全生产检查，组织并检查安全日活动及效果，深入班组和工作现场检查事故隐患，纠正违章行为等参加事故调查分析，做好事故统计、报告工作。监督劳动保护用品的发放及安全工器具的使用和定期试验检查工作。但安全监管人员也是国家和企业的一员，发展好坏事关个人收获与否，与国家和企业的发展目标一致。

安全与生产互促互进——双方受益。安全的环境有助于释放生产力，没有良好的环境，安全生产的基础将不牢固，生产过程中将会受到恶劣环境的影响，导致工作事倍功半，造成不必要的损失和投入，也会打击参与生产人员的工作积极性，最终使生产力不能很好地释放出来。

标准的工作有助于减少安全事故，开展安全生产标准化工作是防范事故发生的最有效办法。由于标准化工作把企业“人、机、环境”安全三要素的每个要素都作了规范，对企业生产经营的全员、全过程、全方位都有明确的制度约束。因此,强化安全基础建设,这份投入不仅不亏,反而是稳赚不赔的买卖,这份投入使得企业的方方面面都有章可循、有标准对比,进而有效减少甚至杜绝事故尤其是重特大事故发生。

装备的提升有助于减少作业人数。煤矿井下用人多少,与矿井建设工程设计和采区生产系统设计有直接关系。先进的矿井和采区设计,应瞄准先进煤炭生产技术,积极采用先进开采工艺和生产技术装备,做到生产系统简化、合理、安全、可靠,先进的装备运转更加稳定,减少检修作业次数,实现了本质安全。而且通过提高原煤生产效率,减少煤矿下井人数,是从源头上控制和减少煤矿井下用人的根本途径,也是促进煤炭工业健康发展的必由之路。

良好的生产力有助于提高安全系数,生产的良好将会带来较大的收益,较好的收益就会使企业拥有充足的资金考虑设备的提升、环境的改善、职工的培训,间接上反哺安全上的不足,使安全与生产形成一个良好的循环,保证一个稳定的安全生产方式,企业的安全基础、职工的工作环境将会得到进一步的提升,更会降低因安全问题带来的不必要的经济损失,真正促进企业安全基础好、生产效率高。

安全与效益是根本目的型伙伴关系

对于企业而言,效益是最终目标。企业是经济组织,没有效益,安全生产、项目建设、职工生活改善等方面投入都无法保证,企业高质量转型发展就无从谈起。但效益如果没有安全保证,就是一句空话。安全是提升效益的前提基础,没有安全就没有效益。生产得到安全保障,不发生事故的前提下,才能保证生产的正常开展和连续进行,从而获得良好的经济效益。如果事故频发，生产过程被迫中断，或造成人员伤亡和财产损失，那么增加生产成本、降低效益则是不言而喻的。

2018 年某兄弟矿井瓦斯事故，突出煤量 301 吨，突出瓦斯量 10123.3 立方米，造成 1 名工友死亡，1 名工友受伤，直接经济损失 234.08 万元，但受事故影响间接带来的损失甚至数以亿计。而且经济上的损失可以逐步弥补，人才上的损失是更加沉痛的打击，每名管理人员都是集团公司和矿井花费大量心血培养而来，这次事故下至班长，上至股份公司相关处长等被给予了留用察看、撤职、严重警告等处分，许多业务骨干的政治生涯画上了问号。可以说，不管是直接损失，还是隐性损失，安全事故带来的教训都是沉痛的。

2019 年以来，八矿更加注重安全基础工程的投入，在巷道支护上大力实施一次成巷免维护技术，通过增加巷道支护时锚杆数量、质量，持续强化支护强度，从前期少量投入后期维护多，转变为一次性投入后期基本无需再维护，大大降低了巷道的安全隐患，为煤矿智能化建设和开采提供良好的安全环境，更是为矿井智能化建设打下了坚实基础。

安全与稳定是和谐共生型伙伴关系

安全才能保证稳定，矿区才能和谐。煤矿是安全生产领域的高危行业和重点领域，通过提升矿井现代化水平，矿井安全生产形势才能得到改善，才能提升职工的安全意识、生命意识、安全防范意识和应对突发安全事件技能，最终确保安全稳定健康发展。

煤矿安全出问题，不仅会影响矿井的正常生产，严重的可能会造成关井，从而退出历史舞台。对我们干部的政治生命造成影响，有可能将会导致从此不能再从事相关工作，更严重者可能要面临牢狱之灾。对我们的职工来说，有可能会造成不可想象的后果，也可能付出生命的代价，或者因此留下终身残疾，对职工家庭造成很大的伤害。而且会使职工对矿井的安全生产存在心理阴影，可能导致经历过事故的职工不再从事本岗位工作。特别是一旦出现人身伤亡事故，赔偿工作往往复杂多变，很容易造成职工家属因利益诉求等问题出现长期上访现象，影响企业和谐稳定发展大局。

安全与职工是本质安全型伙伴关系

人是生产力最活跃的因素，安全生产的实践主体是人，在人、机、环境等安全生产诸要素中，人起着决定性作用，是企业安全生产之基础。因此，企业本质安全必须从紧紧锁定人的本质安全入手，把人身安全放在突出位置，强化员工安全意识塑造，锻造员工高安全素能，为员工营造温馨的安全环境，用特色安全思想引导员工安全生产，使安全成为员工的自觉行为，夯实本质安全基础，从而保证和推动企业安全生产稳定发展。

完善的制度是做好安全工作的有效保证。各煤矿生产单位应结合实际，针对安全生产工作中存在的问题，制定贯彻落实的具体措施和实施细则，建立起安全生产工作的长效机制。

安全工作容不得半点马虎。职能部门要认真履行安全生产主体责任，强化安全管理，加大考核力度，始终保持安全生产工作的高压态势。要关口前移，源头治理，注重对安全生产的正向激励和正确引导，从薪酬、待遇、培训、使用等方面向一线倾斜，真正从根本上调动职工安全生产的积极性。

第二节 推动管理从约束向自愿转变

“安全伙伴”体系不仅是典型的正激励管理办法，更是涵盖了契约精神、自我约束、相互平等、情感挂靠、共同担责等要素，将人类情感、社会道德深度融合于企业管理中。

坚守契约、自带约束

“安全伙伴”作为安全管理新载体有四大特性：

一是天生自带的约束性。“安全伙伴”的结伴过程遵循自由、平等、守信的契约精神，即使不与安全相结合，伙伴也要自觉遵守这种精神，否则这个人就会被边缘化，慢慢地被孤立，没有伙伴，这就是被大家潜意识中不约而同遵守而产生的约束性。

二是具有普适性。“安全伙伴”是站在广大干部职工自身基础上考虑问题，结伴是建立在相互平等、自由选择基础之上，不是强迫个人做出的选择，这容易被大家广泛认可和接受。出现无伴可结也是大家共同自主选择的结果，无须埋怨他人。

三是具有公平性。因为伙伴是自己选择的，所处的环境相似、相近，所受的约束也是相同。因此公平是新载体的特性也是遵循的原则。

四是具有效率性。它将员工的利益与企业利益挂钩，不断提高员工的工作积极性,而且在考核周期内保证实现奖惩兑现。

另外,"安全伙伴"源自电压降低原理,在输线电路的末端总是存在电压降低的问题,距离越远损失越大,解决问题的办法是增设变压器。在安全管理上,存在着安全责任自上而下衰减的现实,同样也需要增设"变压器",安全伙伴就是安全管理上的"变压器",通过"自由结对、相互监督、正向激励、减少隐患"这一黄金链条,从增强员工的安全责任意识和安全情感意识入手,促进员工从"要我安全"向"我要安全"的巨大转变,强化了末端控制。同时,就职工个体而言,通过签订安全伙伴,由 2 个隐患源变为 1 个,隐患源总数直接降低了 50%,有效减少了隐患源的数量。

自由平等、自主结合

自主结合,从情感激励来打动员工。自主结合是安全伙伴的一大亮点,就是同一班或同一组的两名员工按照自主结成安全伙伴的原则签订协议,约定各自的安全责任,这一点实际上就给员工的安全行为分出了等级和层次,在平时工作中注意安全、按章作业、出勤正常者自然受到工友的青睐,成为"香饽饽",一个班组的员工都愿意与其结为安全伙伴,因为安全意识强的员工不会出现违章现象,出勤正常的员工不会三天打鱼两天晒网,与这样的员工结为安全伙伴,为自己月底获奖增加了一个砝码。相反,那些经常违章、出勤不正常、纪律性不强、工作马虎者,就没人愿意与他结为安全伙伴。在每月初的安全伙伴签订过程中,有些人就因此感觉到脱离了集体、很孤立,因此也就在工作中加倍努力、按章作业、积极主动为他人着想,这就从情感的负面效应促使员工搞好安全。

“安全伙伴”只是相对固定的，并不是一签之后就永不改变。协议是每月一签，一方面可以使活动常做常新，即使在本月和某个人签订了协议，可能在月初安全工作做得不错，但在月底的时候安全工作出现了偏差或滑坡，那么在下一个月签订协议的时候可以另选他人，这就促使员工在安全管理上要做到持之以恒、坚持不懈。另一方面可以起到激励后进的作用。

由于没有签订“安全伙伴”的人只是少数，所以对这些员工心理产生了强烈的震撼作用。从情感的层面激励员工搞好安全生产，触动了员工搞好安全生产的神经，员工更容易接受安全管理方面的各项措施，搞好安全生产的动力也更充足。

互相监督、共同担责

互相照看是“安全伙伴”最本质的一点。一旦二者结为安全伙伴，彼此之间就有义务互相监督其出勤情况、安全行为、安全操作和安全思想状态，当自己的安全伙伴在出勤不正常、思想情绪出现波动、安全意识削减、现场作业过程中出现违章时，有义务给予提醒和纠正。如果不互相监督，假如自己的安全伙伴因为这些工作偏差而发生事故，那么自己月底的“安全伙伴”奖金就不能拿到。不管员工这种监督行为出于何种原因和目的，但是起到的客观效果却是实实在在，对员工的正常出勤、安全作业有着巨大的推动作用，避免了员工工作期间单兵作战现象的发生，更杜绝了在安全方面“事不关己、高高挂起”的自私心态。

同时，互相监督还弥补了矿安全监察部门在安全管理上的漏洞和不足，由于整个矿井的生产情况是点多面广，矿井安全检查人员只能在工作面的角度上督促矿井的安全生产,如果要落实到每一个人的确存在很大的困难,即使做到了也不可能每时每刻都能监督到位。另外,员工多对安全检查人员持有敌对心理,认为安全检查人员就是故意与自己过意不去,因此在工作中也是当面一套背后一套,所以仅仅依靠安全监督员来减少安全隐患的可能性不大。当员工自愿结为"安全伙伴"后,"安全伙伴"从主观上就会相互提醒,每个人都不再是一个单体。"安全伙伴"让大家互相挂念。如果员工在工作中出现不正常的现象,其"安全伙伴"就会及时关注、耐心询问、热心帮助,这样上班不是一个人了,而是两个人的事情,相互之间互相关照,使得员工在工作的时候就会积极主动。

第三节 效果与收获

“安全伙伴”管理体系是在多年的煤矿安全生产实践中探索、总结出的一套行之有效、科学管用的矿井安全生产管理方法。该管理体系虽然以“安全伙伴”为名，但除安全外，还涵盖生产、出勤、行为等方面，甚至可以向任何与矿井改革发展有关联的领域进行延伸。

“安全伙伴”管理体系坚持以提升安全管理水平为出发点，以激发职工干劲为发力点，以促进矿井和谐发展为落脚点，充分发挥“伙伴”关系的纽带作用，寻求规章制度和理性情感的平衡。其内容涵盖了安全管理、生产组织、科技创新、出勤保障、文明矿区建设等，在方式方法上以正向激励为主，负向约束为辅，实现了刚性管理和柔性管理的有机结合，更加体现了管理的科学化、制度化、规范化、人性化，在着力解决职工安全意识差、生产效率低、出勤率低、信访稳定等老大难问题上，为煤矿企业管理开辟了全新途径，也为其他行业提升管理水平提供了现实参考。

八矿在应用“安全伙伴”管理体系一年多的时间里，攻克了多项发展瓶颈，实现了多项历史突破，多项指标创出历史最好成绩，通过“安全伙伴”的带动和引领，实现了思想上大解放、管理上大创新、现实中大收获。

一、思想上大解放

思想解放才能敢于作为,正所谓思想支配行动,是行动的先导和动力。人们无论做任何事情,都是先有思想,后有行动。有正确的思想才有正确的行动,有积极的思想才有积极的行动,有统一的思想才有统一的行动。八矿通过思想的大解放,推进改革再深入、实践再创新、工作再抓实,为矿井实现第三次达产405万吨凝聚了磅礴的精神力量。

一是放大了自身优势。思想解放力度决定着改革发展深度,思想解放速度则决定着改革发展实效。只有先人一步解放思想,敢想敢干、敢闯敢试、敢为天下先,才能推动矿井高质量发展走在全集团前列。八矿井田面积41.42平方千米,煤炭储量4.487亿吨,是集团储量最大、煤种最齐全的矿井。综合上述分析,八矿领导班子通过综合分析煤炭行业形势,落实集团高质量转型发展战略部署,基于矿井改革发展实践,对照职工对美好生活的向往,在八矿建矿史上首次确立了发展战略目标——"三步走"战略目标。战略目标的确立,不但确保了矿井发展始终向着正确的方向前进,更让八矿人找准了自身定位和发展优势,坚定了发展的信心和决心。

二是打破了思维定势。战略目标确立之后,关键是怎么去落实。针对部分干部职工存在的思想障碍和观念束缚,如自满自足、因循守旧、等待观望、消极懈怠、路径依赖等,八矿领导班子以"功成不必在我"的精神境界和"功成必定有我"的历史担当,在八矿发展史上首次确立"三区三面"矿井发展布局,确立"停丁组、缓戊组、先己组"发展方向,及时转变"广种薄收、东方不亮西方亮"的思想观念,从"不敢想”到“做得到”,从“试试看”到“敢想敢干、敢闯敢拼”,一次次思想的改变带领了发展思路的转变,一次次灵魂的触动带来了矿井的飞速发展,让八矿人对实现矿井更高质量发展充满信心。

三是改变了工作方式。实践已经反复证明:思想不解放不行,思想解放慢了也不行。瞻前顾后,左顾右盼,顾虑重重,当明白过来时已为时过晚,机遇丧失,发展慢了一大截子。而且一步跟不上,步步跟不上。解放思想,贵在先人一步,真正敢于走出去,打破故步自封。结合现状,八矿分四步“对标对表”,对标平宝管理全面系统学,学好的经验、学好的做法;对标枣庄智能化大胆学,开阔视野、解放思想;对标淮北认真学,学新技术、新装备应用;内挖先进学典型,学习综采五队追求卓越、勇当第一的争先精神;学习常海竹不忘初心,勇攀高峰的务实作风。真正通过学习,解放思想、查找不足,努力赶超先进。

四是凝聚了发展共识。职工是企业各项方针政策措施、各项生产活动的具体落实者和最终落实者。为提升职工工作积极性,八矿不断在凝聚人心、强化共识上下功夫,充分发挥职工代表作用,健全民主制度,丰富民主形式,拓宽民主渠道,尊重职工主人翁地位,提升职工参与矿井管理的积极性。特别是大力倡导“八矿一家亲、幸福一家人”的文化理念,引导职工感恩矿山、奉献岗位,构建心往一处想、劲往一处使的全矿“一盘棋”良好局面,营造了人心思齐、人心思干、人心思进的良好氛围,使广大干部职工心齐劲足、同心同向、共谋发展,坚定不移实现第三次达产405万吨成为全矿共识。

二、管理上大创新

2019年以来,矿井通过应用“安全伙伴”管理体系,推动了各项管

理上的大创新,在以下七个方面实现了突破:

一是突破了常规,树立了名片,创新了抓手,实现了安全平稳发展态势。全年累计兑现“安全伙伴”奖励 7.3 万人次,奖励资金 4557 万元,同比安全抵押金增加 2687 万元,全矿上下工作积极性空前高涨,职工自保互保意识显著提升,“三违”起数同比下降 29.2%。坚持矿井主导、战线主推、基层主体,双重预防体系落地落实、见真见效,实现风险管控全覆盖、隐患整改全闭合,生产事故同比下降 22%。同时,矿井整体达标水平显著提升,成功召开集团煤炭板块及集团采煤、机电专业安全生产标准化现场会,2 个采区荣获集团示范采区,5 项工程荣获集团示范工程,9 个地点成功创建“三星”达标示范区,在全年集团安全生产标准化评比中累计获得 16 次前三名,荣获全国煤矿职业安全健康先进单位、河南省一级职业卫生煤炭企业称号。职工安全意识、业务素质不断提升,荣获全国煤炭行业现代化远程教育培训先进单位称号。应急保障更加有力,建成河南省唯一一支具备国家特级资质的驻矿救护示范中队。

二是突破了瓶颈,制定了标准,降住了瓦斯,弥补了瓦斯治理历史欠账。提出瓦斯防治四个标准,建立了完备的瓦斯防治管理体系,推动矿井在发展中解决瓦斯难题。积极探索掘打一体化瓦斯治理模式,有效解决了打钻队伍不足、治理进度缓慢等问题。科学调整区域瓦斯治理技术路线,在己 15-22080 采煤工作面试点实施穿层钻孔全覆盖瓦斯治理技术。加快“三化一工程”建设,己 15-22080 机巷底抽巷顺利通过集团验收。引进水力造穴钻机 9 台,治理效率提高 50%,钻孔工程量降低 74.6%,打钻成本降低 58%,治理巷道单进水平提升 25%,有效解决了矿井进入深部后瓦斯压力增大、治理成本增高等问题,全年累计治理巷道 9044.6 米。多战线协同作战,安装抽采管路 27629

米,同比增加一倍,建成了己 15-21030 机巷等 6 条标准化联网抽采系统,还清了瓦斯抽采系统历史欠账,形成了抽采管路超前区域钻孔的良好格局。大力推广通管直连技术,有效杜绝钻孔联网漏气,95%封孔管抽采浓度达到40%以上,干管抽采浓度由 15%提高到 35%,瓦斯发电再创矿井历史新高。

三是突破了历史,优化了布局,创出了纪录,实现了矿井第三次达产。谋划实施了八矿“三步走”发展战略,科学制定产能升级规划及实施方案,实现了第三次达产 405 万吨,获得了集团党政明令嘉奖,迎接了集团领导到矿祝捷。围绕“三区三面”生产格局,关闭丁一、己二、戊二、己三采区,以及东风井和西一风井,暂停丁四采区开发,月均保持 3 个采煤工作面生产,一举打破广种薄收局面,“一优三减”工作实现弯道超车,走在集团公司前列。单产水平屡创新高,井下生产多点开花,班产 7150 吨,日产 1.86 万吨,年产 405 万吨,均刷新八矿历史纪录。综采一队回采的丁 5.6-14220 采煤工作面单产突破 12 万吨,创矿井丁组煤单产纪录;综采二队回采的戊 9.10-12080 采煤工作面投产以来,月均产量突破 10 万吨,创采区单产纪录;综采三队回采的己 15-15030 采煤工作面单产突破 15 万吨,连续刷新二号井单产纪录;综采五队回采的戊 9.10-14160 采煤工作面单产突破 16.5 万吨,创矿井单产纪录,全年累计生产原煤 118 万吨,建成了八矿首支突出工作面百万吨等级队。单进水平大幅提升,接替紧张得到缓解,开二(2)分队和开拓三队施工的己 15-21030 机巷单进水平连续稳定在 130 米以上,生产效率较前期提升一倍,采煤工作面提前 6 个月实现安全贯通;掘进四队施工的己 15-15060 机巷单进突破 160.5 米,创己组突出危险工作面单进纪录;掘进五队施工的己 15-21030 风巷高位巷单进突破 302 米,创己 15 煤层高位巷单进纪录;一处施工的己 15-15050 中间底抽巷单进突破 202 米,创集团岩巷炮掘单进纪录。升级改造步伐加快,系统保障更加有力,更换了使用 40 余年的主井平硐框架梁、老副井 4m 绞车井筒钢轨罐道,以及使用 16 年的二系统箕斗,实施了地面排矸系统输送带化改造和联络巷绞车升级改造,解决了一大批长期不能解决的“卡脖子”难题,矿井各大系统经受住了 500 万吨的考验。

四是突破了增长,提升了质量,增加了效益,荣获了集团质量效益金牌单位。进一步牢固树立质量效益是中心的鲜明导向,围绕提高发展质量、提升效率效益,主动转变思维定式,改变发展方式,重塑管理模式,明确了“停丁组、缓戊组、先己组”发展方向,强力开发一水平己五、二水平己一采区,己组煤产量大幅提升,全年矿井收入跃居集团煤炭板块第一。坚持向改革要效益,明确层级管理职责,释放各级管理权限,制定干部自主留守规定,实行周末基层区队党政正职值班制度,激发各级干部履职尽责的使命感和紧迫感。强化顶层设计,对“安全伙伴”、干部管理、“三重一大”和招标管理等文件进行修订完善,各项规章制度更加符合发展实际。提升全员经营意识,严把物资审批、采购、使用、回收关,着力解决大手大脚现象。推动物资集中化管理,取消区队材料库,建立战线管理材料库,压减库管人员,减少计划材料品种。精简合并机构,压减综采准备二队、综采准备二队(2)分队、开二(1)分队、劳动服务公司四分厂 4 家单位,矿井实现强身瘦体。紧跟集团大精煤发展战略步伐,在井下地质构造复杂、断层增多情况下,煤质完成情况创近年来最好水平。严控成本支出,吨煤电费同比下降 5.8%。严格工资发放,试点推行厂务公开电子公示,实行工资发放一表制;完善分配机制,工资分配接近“黄金比例”,井下一线干劲十足。

五是突破了传统,增添了利器,凝聚了智慧,实现了科技创新亮点纷呈。围绕打造安全高效矿井,推动装备“硬件”和人才“软件”双发展。提升矿井“四化”水平，广泛推广应用新装备，首次投入水力造穴钻机、单轨吊、垛式支架、小断面岩巷掘进机、卡轨人车等新装备，降低劳动强度，提高工作效率。强力推动自动化升级改造，井下部分机巷输送带、主运输输送带实现无人值守，地面压风机房、井下6个主排水泵房、12个变电所实现无人值守、远程集控。开展信息化技术研究，建成集团首个斜巷轨道全路况信息联动监测系统；推进井下可视化建设，多个掘进工作面安装监控设备，关键地点实现高清可视化。构建了“一张图”共享服务平台，完成了万兆网升级改造，建成了集团首个机械装备系列化掘进工作面。同时，己15-21030工作面顺利通过河南省智能化建设项目验收专家组评审验收，并于5月25日在河南省工信厅官网进行公示，示范化智能矿山建设初战告捷。开创矿井超大断面机电硐室一次成巷设计施工先例，丁戊组输送带大巷驱动硐室净断面75.02平方米，为类似工程施工提供借鉴。坚持把科技创新作为推动矿井发展的强大动力，成立科技创新管理办公室，建立月度科技工作计划制度，荣获集团科技工作先进集体称号。以重赏聚众智，开展“悬赏”攻关活动，己15-15030采煤工作面在固安特零投入情况下，多次刷新二号井单产纪录，以十万元赏金换取千万元效益，彻底克服了固安特依赖症。远距离上保护层综合防突及煤巷高效掘进技术获河南省第二届安全科技成果二等奖，开拓工厂改造的含有托辊固定架输送带输送机重型机尾装置成功获批国家知识产权实用新型专利。强化职工技能素质，积极参与集团技能大赛，创出了建矿以来参加集团职工职业技能大赛的最好成绩。运输一队牛林林、宋明辉包揽省煤炭系统电机车修配工技能大赛前两名，综采办宁健荣获全煤综采维修电工组职业技能竞赛一等奖，高技职工争相涌现，人才建设硕果累累。

六是突出了担当，增添了绿色，惠及了民生，实现了矿区大局和谐

稳定。大力推进生态文明建设，在环保形势异常严峻的情况下，经受住了上级多次明察暗访，在平顶山市最不放心的地方建成了放心单位，八矿“绿色印象”焕发生机。投入2350万元完成矿区周边道路修整、矸石山密闭大棚及排矸通道建设、铁道边坡治理、煤场治理和双燃混合动力锅炉安装等环保工程，覆土绿化面积4000多平方米，荣获平顶山市和集团节能减排竞赛活动优胜单位称号。加快矿区绿化美化亮化进度，科创楼、办公楼换新颜，工广区、家属区添新绿，进矿路、环矿路着彩装，矿井颜值持续提升，荣获国家级绿色矿山称号。稳步推进“三化”改革，矿山食堂推向市场，一食堂保洁项目对外承包，生活用水固定资产顺利移交，一批久推不动的改革项目落地实施。落实职代会承诺实事：改善职工工作生活环境，投入近1400万元对八栋楼、职工医院、职工食堂进行高标准升级改造；解决职工停车难问题，规划环矿路停车位300余个；落实全员带薪休假制度；持续做好帮扶慰问工作，大力开展春送祝福、夏送清凉、秋送爱心、冬送温暖活动，累计发放各类慰问金、助学金183万元，实现了“三不让”目标。同时，主动为职工办好事，更新澡堂更衣箱，合理调配更衣室，职工洗浴舒适便捷；协助市交管部门，安装进矿口红绿灯，职工出行更加安全；开展平安建设，治安防控实现全覆盖，矿区大局和谐稳定。

七是凸显了团结，锻造了队伍，经受了考验，提升了应对疫情防控的战斗力。

全矿上下面对疫情众志成城、全力以赴，部分党员干部24小时值守在矿、超负荷工作，累计排查矿井外市返平人员160人（职工146人，家属14人），累计隔离475人次，确保全矿干部职工及其家属无一人感染，矿井荣获集团疫情防控与质量效益双优竞赛成绩突出单位称号。强化制度保障，落实各单位疫情防控责任主体，实行每日零汇报和返市职工隔离制度，对疫情高发区返平职工第一时间进行体检，从源头上遏制疫情流入。坚持多措并举，严防死守，封堵矿区出入口2个、设立岗卡3个，实施错时、同向就餐，每天对全矿进行不低于4次消毒清理；连续设立多道防控关卡，实现职工“由家到岗”全程监管。全力确保在岗职工身体健康，在各食堂、茶水站免费供应防疫中药汤茶，提高职工免疫力；在医院设立24小时值守发热门诊，发挥医疗保障作用。凝聚强大合力，号召广大干部职工齐心协力共抗疫情，涌现出运输二队胡军政为矿捐献口罩近万个等先进事迹；举办共抗疫情爱心捐款活动仪式，共募集捐款近63万元。做好复工复产，实行副科级以上干部吃住在矿制度，增加临时住宿床位230个，鼓励一线职工吃住在矿，努力减少疫情对安全生产影响。对全矿人员进行了核酸检测，确保在岗职工身体状况符合防疫和生产要求。

三、现实中大收获

2019年，矿井主要指标收获“十项纪录”：

——**安全工作**：实现了安全生产，“三违”率创有统计以来历史最低纪录。

——**煤炭产量**：405万吨，同比增加75万吨，上涨22.7%，创矿井历史最高纪录，实现了矿井第三次达产。

——**开掘进尺**：22250.3米。其中，突出工作面进尺8666.8米，创矿井历史最高纪录。

——**瓦斯治理**：区域治理工程6789米，打钻进尺111.1万米，均创矿井及集团历史最高纪录。

——**煤炭质量**：完成情况创10年来最好水平。

——**销售收入**:24.15亿元,同比增加7.1亿元,上涨41.64%,创矿井纪录。

——**盈利水平**:完成利润3.36亿元,实现了扭亏为盈,创10年来最好水平。

——**非煤收入**:8485万元,同比上涨14.1%,创6年来最好水平。

——**人均工效**:同比上涨20%,创矿井纪录。

——**职工收入**:人均工资73125元,同比增加10073元,上涨16%,创矿井纪录。

八矿实现第三次达产405万吨祝捷仪式

第八章 『安全伙伴』管理体系的延伸思考

第一节 “安全伙伴”管理体系应用前期易发生的现象

“安全伙伴”管理体系由于其首创性和独特性，在应用前期给企业带来多方面的变革，主要反映在以下两个方面：

一、需要侧重的环节

一是侧重于加大宣传力度。自开展争创星级“安全伙伴”活动以来，各战线都能够通过战线会、班前会等形式向职工宣传解释活动内容和规则。“安全伙伴”协议每月都能够按照时间节点签订，安检科每月组织纪委、人力资源科等单位，对照考核结果表、发放汇总表、安全协议书对全矿基层单位“安全伙伴”奖发放情况进行检查，各单位都能够按照厂务公开要求对以上三表进行张榜公示，接收职工监督。基层单位书记队长也能够认识到“安全伙伴”奖不能当成福利去发，杜绝了弄虚作假现象。

二是侧重于干部职工认可度。通过座谈，各单位干部及班组长普遍认为开展争创星级“安全伙伴”活动是加强管理的有力抓手，有利于提升出勤积极性，有利于提高劳动效率，有利于提高工作质量，有利于提高职工素质，有助于打破分配上的“大锅饭”，体现了多劳多得、不劳不得。特别是广大基层职工，坚决拥护和支持争创星级“安全伙伴”活动,认为比安全抵押金更加合理,日常工作生活期间对“安全伙伴”奖讨论较多、关注度高,对加发“安全伙伴”奖期望值较高。

三是侧重于管理水平提升。通过活动持续开展,部分单位将争创星级“安全伙伴”活动延伸到日常工作的各个环节,不仅仅局限于安全生产,挂钩的项目更加丰富详细。如机电六队将职工培训、服从工作安排等方面纳入考核要素,职工综合素质显著提升。通过丰富考核要素,一方面提升了单位整体管理水平,有利于工作的顺利开展;另一方面也增强了职工的责任心,自我约束显著增强,干部管理压力减小,可以将更多精力投入到解决井下安全生产难题上去。

四是侧重于工作质量提高。安全管理上,由于“安全伙伴”奖远高于安全抵押金,特别是职工奖励由不足 200 元提升到最高 600 元,违章成本增加,职工对安全敬畏心增强,自保互保意识提升。生产任务上,特别是承担矿井重点工程的单位,或担心完不成任务扣发“安全伙伴”奖,或为了获得“安全伙伴”奖加发奖励,职工工作主动性、积极性大幅提升,工作和劳动效率、工时利用率大幅提高。活动开展以来,多个采掘工作面单产单进水平创建矿以来最好水平。出勤率上,基层各单位普遍认为“安全伙伴”奖对出勤率促进作用最大,均出现了长期不上班人员要求返岗、上花班职工能够上满班现象,如运输一队某返岗职工因无人愿意与其签订伙伴,自觉缴纳 600 元保证金,写下保证书,承诺上不够班押金补偿伙伴。职工行为上,由于基层职工素质参差不齐,日常工作中偶尔出现推诿扯皮现象。通过开展“安全伙伴”活动,职工之间互帮互助增多,相处更加和睦。

二、需要注意的问题

一是容易出现思想认识盲区。由于“安全伙伴”管理体系概念相对超前，而且个别职工日常安全生产任务较重，对争创星级“安全伙伴”活动学习力度不够，在“安全伙伴”奖递增、加发政策等方面还未吃透。个别干部担当意识不强，由于“安全伙伴”是矿队两级考核，个别干部习惯了当“太平官”，在区队自主考核上存在一定畏难情绪。

二是容易出现辅助单位考核不到位现象。部分辅助单位工作上无量可计单位，日常考核难度大，现有“安全伙伴”奖励对于计划完成情况加发、减兑较为明确，但对无量可计单位多以工作质量进行考核，由于工作质量相对抽象，考核界定标准不一。因此，需要继续细化考核细则，或配套制定无量可计单位“安全伙伴”奖励奖惩依据和标准。

三是容易对班组长工作积极性带来影响。班组长“安全伙伴”奖和职工一样，一定程度上影响班组长工作积极性。就八矿而言，其主要原因是井下班组长管理区域广、肩负责任多，也导致被处罚项目增多，经常拿不到“安全伙伴”奖。“安全伙伴”管理体系实施初期阶段，共取消“安全伙伴”奖 69 人次，其中班组长 55 人次，占 80%。后期，八矿及时对井下责任区域进行界定，才使这一现象有所改观。

四是容易出现安管人员作风问题。由于基层职工“安全伙伴”奖额度远高于违章罚金，个别违章职工在权衡个人私利时，为得到“安全伙伴”奖励，找关系、搞变通。个别安检人员掌握这一心理，日常检查动机不纯，检查过程中出现不以整改为目的、乱开罚单现象，甚至出现吃拿卡要现象。针对这一情况，一方面要加强安管人员准入标准，另一方面要落实相关惩处制度，及时把问题扼杀在萌芽状态。

五是容易出现个别单位重生产轻安全现象。为获得加发奖励，特别是个别采掘高工资单位易出现违章作业、冒险蛮干和降低工作标准苗头。如“安全伙伴”管理体系建设初期，全矿上下违章率均大幅减少，但个别开掘单位习惯性“三违”下降幅度不明显，违章起数占全矿80%以上。需进一步落实“安全伙伴”奖在安全要素方面的“一票否决”权，真正让职工明白孰轻孰重、孰大孰小，摆清利害关系。

第二节 客观看待安全风险抵押金制度存在的不足

抵押金制度不管是在煤矿企业还是在其他企业应用多年,带来的成效明显,但随着时代的发展,以及员工个人认知的转变,不足之处也逐渐显露。

达不到事前预防的作用

主要体现在职工对安全风险抵押金参与性不强,安全风险抵押金从考核到兑现采取闭合管理的方式,只有安检科、人力资源科、财务科和各单位办事员参与其中,职工不能直接参与到安全风险抵押金兑现考核的任何环节,渐渐地对安全风险没有任何概念了,意识却只有抵押金这个概念而已,只关心抵押金兑现了没,而从不关心怎么才能得到、能不能得到。而且,安全风险抵押金绝大多数都能得到,造成职工对安全的"牵挂"少了。同时,由于职工抵押金种类少,就八矿职工来说,只有安全风险抵押金一项,而干部的抵押金种类多,甚至造成部分职工认为抵押金是干部福利的一种认知。

而"安全伙伴"奖励采取职工两人以上每月一签伙伴协议的方式进行,并对"安全伙伴"相关考核兑现情况进行厂务公开,让职工参与奖励的管理、考核、兑现整个过程,促使职工时时刻刻关心自己和伙伴的安全、出勤、行为等方面是否合格,起到了事前、事中管控的积极作用。

管理内容较为单一

随着矿井不断发展,有些规章制度需要及时更新修订,需要新的制度来补充完善其他制度的不足之处,这时就需要从内容形式上来弥补其他制度所不具备的奖励约束机制。但安全风险抵押金内容较为单一,主要体现在两个方面:一方面是制度内涵单一,不能作为平台和载体进行改革创新,缺乏灵动性和机动性,长此以往必将乏味、枯燥,达不到应有的管理效果;另一方面是管理内容单一,就目前企业发展来看,虽然各项工作繁重复杂,但是基本都配备了相关制度。健全的制度有利于管理,但也带来沉重的管理负担。安全风险抵押金制度考核内容单一,只涵盖了安全管理方面的内容,对其他方面的管理约束几乎为零。

针对以上两方面问题,“安全伙伴”管理体系恰恰对其进行完善和创新。一方面是内涵丰富,不仅载体新颖,让人耳目一新,而且蕴含了协同、共享、人情等要素,非常符合中国人的心理;另一方面是管理丰富,安全、生产、出勤、稳定“四大要素”几乎涵盖了企业发展的所有关键点,实现了管理的全方位,甚至起到了“一个制度在手、企业管理无忧”的作用。

对职工刺激性不强

安全风险抵押金奖励形式单一,安全上不出问题就能拿到等额奖励,没有加发和减兑机制,即使单位超额完成任务也维持原标准不变,干多干少都一样,不能激发职工的工作积极性。同时安全风险抵押金职工数额少,干部和管理人员数额较多,采掘一线班长600元/月,而职工只有200元/月,职工心理落差较大,甚至存在负面情绪。鉴于以上因素,使职工产生了谁的抵押金多谁应该多干的消极情绪,自主工作积极性不强。

而"安全伙伴"管理体系实行奖励动态管理模式,"安全伙伴"奖励可视矿井生产经营形势采取不同比例加、减兑现,安全不出事、生产完成好可以翻倍兑现,甚至多倍兑现;但若违反相关要求,将不兑现,或减兑相关比例等,极大调动了职工抓好各项工作的积极性。特别是"安全伙伴"奖励实行星级递增机制,让职工在获得物质奖励的同时,带来精神上的优越感。

同时,"安全伙伴"奖励,一方面拉大了采掘一线职工与地面后勤保障职工之间的差距,不仅提升了苦脏累险岗位职工工作积极性,也引导地面富余人员向井下岗位流动,盘活了人力资源;另一方面缩小了干部与职工之间的差距,把职工对工资的关注点,由矿井分配是否合理转移到怎么实现奖励翻倍上来,营造了良好的干事创业氛围。

第三节 从“安全伙伴”管理体系正确看待创新管理定位

创新无处不在、创新大有可为。通过“安全伙伴”管理体系的创建,也让我们认识到了创新管理的重要作用。

创新管理是时代发展的必需品

党的十八大以来,习近平总书记高度重视创新驱动发展,多次强调创新始终是推动一个国家、一个民族向前发展的重要力量,是引领发展的第一动力,必须把创新摆在党和国家发展全局的核心位置。创新,在总书记心中有着沉甸甸的分量。为贯彻创新驱动发展战略,省委、省政府聚焦产业发展,在创新资源配置、创新环境营造、创新高地建设等方面,部署实施了一系列政策措施。这些充分体现了中央、省委以创新引领发展、谋划未来的鲜明立场和坚定决心,也表明了创新驱动发展的重要性和紧迫性。

抓创新就是抓发展,谋创新就是谋未来。无论我们取得多么大的成就,都不能停下创新的脚步。习总书记指出:不创新不行,创新慢了也不行。如果我们不识变、不应变、不求变,就可能陷入战略被动,错失发展机遇,甚至错过整整一个时代。习近平总书记强调“惟创新者进,惟创新者强,惟创新者胜。”创新是全方位、系统性的创新,管理创新是其中重要一环。随着新经济的快速发展，已经凸显传统管理方式的某些不足和不适应性，日益倒逼管理创新。只有顺势而为、开拓创新，形成与时代发展相适应的思维方式、管理方式，才能有力推进创新发展，不断培育发展新动力、打造发展新优势。

对于新生事物，先试一试、看一看，既是一种鼓励创新的态度，更是一种以发展眼光看问题的智慧。现实中，面对新经济、新业态，还是以旧眼光、老标准来衡量思考，就难免定位不清、把握不准。新经济的发展是一个不断打破旧格局、塑造新格局、形成新规则的过程，也必将带来管理上的深刻变革。如果还是沿用老办法、老一套，必然导致手段失效、能力不足等问题。“世异则事异，事异则备变。”破解这些问题，需要创新管理模式，答好管理创新的答卷，不下苦功夫、硬功夫不行。

创新管理是企业发展的助推器

所谓创新，就是要在遵循客观规律的基础上，在事物间促成、构建、利用那些新的、有利的、更高层次的、可促进人类生活、生产、生存状况或状态达致更好更久的联系或关系。管理创新既是一种精神境界，又是一种行为方式；既是一种生存状态，又是一种求索过程。诸如对本质的重新探究与界定，对性能的重新完善与提升，对构造的重新安排与设计，对功能的重新发掘与改进，对要素的重新组合与配置，对关系的重新构建与调整，对结论的重新推导与验证，对边际的重新拓展与明确，对路径的重新求索与选择，对机遇的重新研判与审视，对价值的重新开发与创造，对方式的重新认识与修正，对问题的重新解剖与阐述，对事态的重新评估与把握等。可以说，创新管理在企业发展的各个方面都有渗透和积极作用,随着时代的发展不断创新管理模式,探索一套符合企业发展现实更有效、更接地气的管理方式,势必会对企业的发展提供更强大的助力。如果管理创新的步伐跟不上企业发展的步伐,将会成为企业发展阻碍。

就八矿而言,回顾八矿去年以来的发展,其实就是一部创新史。比如制定了“三步走”发展战略,规划了“三区三面”生产格局,开启了八矿发展的新征程。又如针对管理模式单一、乏味,取消了使用了多年的安全抵押金、质量抵押金制度,开展了争创星级“安全伙伴”活动,实行安全生产标准化奖励和“三旬”考核制度,抓住了安全管理上人和基础这两个关键因素。再如,围绕矿井发展大局,在瓦斯治理上制定了“四个标准”,引进了水力造穴钻机;在装备升级上引进了单轨吊、反井钻机、垛式支架等,建设了八矿首个智能化综采工作面;在破解难题上,开展了“悬赏”攻关,制定了月度科研计划。结合人员多这一现状,变短板为优势,不断发现人才、培育人才,建立了大师工作室,实行了“双技”人才管理办法,开展了首席技工、首席技师评聘,推荐了集团首席技术大师。矿井能够实现快速高质量发展,离不开各方面的创新管理。

创新管理是检验执行力的衡量尺

创新是举措,是方式方法,不是最终目的。创新的目的是实现更好更快更高质量的发展,是对美好事物的追求。虽然创新不代表一定能够取得好的结果,但创新管理在深化创新的同时也在丰富着管理,而管理创新在提升管理的同时也在激发着创新。企业的决策方案在执行的过程当中标准渐渐降低,甚至完全走样,越到后面离原定的标准越远。企业的发展速度要加快,规模要扩大,管理要提升,除了要有好的决策班子、好的发展战略、好的管理体系外,更重要的是要有企业中层的执行力。执行力就是企业中间层理解并组织实施的能力。相对于决策层定位于"做正确的事"来说,作为执行层的人的定位应该是"正确地做事";相对于操作层员工"正确地做事"的定位来说,作为执行层的管理人员的定位又应该是"做正确的事"。一句话,中层管理人人既是执行者,又是领导者。他们的作用发挥得好,是高层联系基层的一座桥梁;发挥得不好,是横在高层与基层之间的一堵墙。企业决策层对各种方案的认可,需要得到中层的严格执行和组织实施。如果企业全体中层队伍的执行力很弱,与决策方案无法相匹配,那么企业的各种方案是无法实施成功的。

创新意味着改变,有些人善于改变,有些人不善于改变,而且对于一个企业来说,不是一个人两个人的改变就能解决问题。对于具有一定发展年代的企业来说,改变往往是最困难的事情,带来的影响也是多方位的。管理创新成败与否,也是对在改变过程中能否继续保持连贯的行动力、保持较强的执行力的检验,检验着每一个企业能否在任何情况下始终保持思想统一、步调一致、方向一致的鲜明体现。

创新管理是领导能力的试金石

创新不仅是衡量一个企业是否有核心竞争能力的重要标志,也是检验一个人是否具有独具慧眼的认知能力,以及推陈出新的工作能力,更是对一个领导是否能够胜任本职工作的关键体现。正所谓"一只狮子领导的一群羊,远比一只羊领导的一群狮子"更有战斗力,因为一个领导能力强弱,关乎着一个团队的能力强弱。有些领导或没有担当精神，不敢创新；有些领导或习惯了安逸的工作环境，不愿创新；有些领导或存在船到桥头人到站心理，不思创新；有些领导或自身能力不足，不会创新，以上现象都是不称职的鲜明体现。而且不管是政府部门还是企业单位，在选聘领导干部的要求上，都明确提出了要具有开拓创新精神。可以说，创新已经成为新时代下领导能力最基本的要求。

一个领导是否具有创新能力，一方面是善于观念创新，对于一名管理者来说，在任何时候对待任何事情都应该有强烈的创新意识，这也是一种能力的体现。因为创新的特性是发现问题、研究问题，在研究问题中制定方案，从而起到解决问题的目的。另一方面才是善于制度创新，对于企业来说，特别是大型国有企业，规范合理的管理制度是融合情、理、法的过程，既规规矩矩，又合情合理，还带有人情味，毕竟管理归根到底是对人的管理。而通过实践可以发现，优秀领导的最大特点就是能充分发现人才、培育人才、使用人才，聚天下英才而用之，甚至为各类人才配备具有针对性的管理制度，最大限度发挥人才的创造力、生产力、战斗力。

第四节　从伙伴关系浅悟职工与企业命运共同体关系

个人有个人的命运，企业有企业的命运，个人的命运与企业的命运所关联是必然的，体现在方方面面。通过"安全伙伴"管理体系的建立，使我们对构建职工与企业命运共同体有了新的认识。

决策"民主"，确保发展有合力

在构建命运共同体的过程中，八矿坚持以"安全伙伴"管理体系为依托，在伙伴关系与民主管理的多次碰撞中，进一步畅通了职工民主渠道，激发了职工参政议政积极性，使主人翁精神得到进一步彰显，大大调动和发挥职工代表参与企业管理的积极性和创造性，不仅维护了职工的合法权益，也推动了矿井向更加民主、更加团结的方向发展。

坚持职工代表大会制度，形成职工代表大会召开和工作报告制度，突出了审议、审查和评议。在招投标管理中，以职工代表为关键一环，建立了招投标专家库，保证职工代表充分行使代表权力，为矿井发展建言献策。完善民主管理工作制度，建立矿、区队、班组三级厂务公开网络体系，并设立厂务公开栏，公开、公示包括生产经营管理、工资支出、干部任免等重大事项，队务和班组公开栏公示事关职工切身利益的工资分配、材料消耗考核等队务管理事项。建立民主测评制度，使民主管理的覆盖面更广,针对性、时效性更强,透明度更高。创新矿情质询会制度,改“咨”为“质”,引导职工行使主人翁权利,架起干群民主对话的“直通车”和沟通思想的“连心桥”,实现广大职工利益诉求表达渠道之间的有效对接、定期交流机制,为企业发展构建良好的干群关系。拓宽维权工作新思路,加强民情信息快速反应机制,组建基层信息员队伍,着重解决职工最关心、最直接、最现实的利益问题,开辟民主管理工作新渠道。

因此,民主的发展环境,是职工与企业命运紧密连接的重要纽带。

素质“铸匠”,确保人生有收获

2015 年,国务院确立了《中国制造 2025》强国战略,2016 年度、2017 年度政府工作报告均全面部署了“培育和弘扬工匠精神”的重大任务,工匠精神成为热词,工匠型人才成为各行各业掌中宝。

八矿顺应时代发展和矿井需求,在“安全伙伴”管理体系的启发下,全矿掀起了创新管理的大热潮,技术创新协会隆重成立,“五小”创新焕发生机,“悬赏”攻关为有志者提供事竟成的回报,合理化建议让“臭皮匠”成为“诸葛亮”,各方人才在技术比武大会上大显身手、屡创佳绩,通过技术推动企业发展、通过技术实现人生抱负成为广大干部职工的价值追求。

2019 年以来,得益于各项举措的持续发力和“安全伙伴”的不断激励,一大批八矿工匠应运而生,23 名技术主管走上管理岗位,新增 136 名专业技术人员。同时,选聘了 10 名工程师、政工师,享受副科级待遇,评聘了 4 名首席技师、12 名首席技工,分别享受平均工资的 2 倍、3 倍待遇;杨庆华、杜欣顶被集团评为首席技能大师,享受副处级待遇，部分中层干部也因技术过硬走上了矿领导岗位。

因此，广阔的成长平台，是实现职工与企业共同发展的有效途径。

企业“多爱”，确保生活有保障

中国平煤神马集团提出的“企业发展、职工共享”，高度契合“以人为本”发展理念。八矿开展“安全伙伴”管理体系的创建，秉承的就是以职工为中心，让职工在企业发展过程中享受更多发展成果，既体现了安全是最大的民生，又让劳动者安全有保障，又抓住了职工工资这一广大劳动者最关注的焦点问题，让劳动者得到应有的报酬，而且助推了矿井实现高质量、高效益的发展，得以拿出更多资金来保障民生。

2019 年以来，八矿连续两年在职代会工作报告中明确提出要为职工办好若干件实事。2019 年，向职工承诺八栋楼、职工医院、职工食堂高标准升级改造，以及确保“三不让”目标等“七件事实”全部兑现承诺，职工幸福感、获得感显著提升。而且，2020 年又向职工承诺投入使用救护队西侧停车场，车子棚面向职工免费开放，为全矿干部职工配备统一工装等“十件实事”。

因此，共享发展成果，是构建职工与企业命运共同体的重要保障。

心中“有家”，确保感情有寄托

构建职工与企业命运共同体，关键是让职工感受到企业如家般的温暖，让职工把企业当家、把工友当家人、把工作当成家事，在企业中干的顺心、干的快乐，不仅能够收获工资待遇带来的喜悦感，也能收获家人之间认同感，还能收获企业发展带来的成就感。“安全伙伴”管理覆盖八矿整个干部职工，使工友之间的伙伴关系，逐渐演变为兄弟关系、朋友关系，最终形成了“八矿一家亲、幸福一家人”的家庭关系。

当思想上解不开疙瘩时，有工友、有兄弟、有家人进行开导，有干部这个“一家之主”解疑释惑；当工作上出现问题时，再大的问题在“家”文化的熏陶下，也会大事化小、小事化了；当生活上出现困难时，一家人不说两家话，能帮则帮、能帮必帮。所以，在企业这个“大家庭”出现困难时，必将上下一心、共克时艰，为企业破除万难、走出困境尽其所有，提供源源不断的支持与信任。

因此，“一家亲”企业文化，是构建职工与企业命运共同体的鲜明体现。

附录一

价值与推广

“安全伙伴”管理体系的成功应用，得到了平顶山市领导和中国平煤神马集团公司领导的高度肯定，并在全市所有企业进行推广应用。

我市在工矿商贸企业关键岗位推广“安全伙伴”星级管理模式

来源：平顶山日报 日期：2019-07-08

（记者 魏广军）为全面消除人的不安全行为，构建全方位覆盖、全过程互动、全员参与的安全管理体系，实现企业安全生产管理规范化和标准化，市政府安委会日前决定，在全市工矿商贸企业关键岗位推广“安全伙伴”星级管理模式。

平顶山组织召开全市安全生产责任体系建设推进会

2019年9月16日上午，平顶山市安全生产责任体系建设推进会在市委、市政府办公大楼召开。平顶山市委常委、常务副市长摆向阳出席会议并讲话。摆市长在讲话中强调，各级各有关部门和企业一定要充分认识当前安全生产形势的严峻性、复杂性和抓好安全生产的极端重要性，不断强化安全生产责任制，大力推行八矿“安全伙伴”制度，着力解决安全监管“最后一步”问题，不断提升安全生产保障能力，有效防范和遏制安全生产事故的发生。

平顶山市常务副市长摆向阳在中国平煤神马集团总经理杜波和八矿矿长杨国和陪同下，到八矿检查指导工作

2019 年 10 月 2 日上午，集团总工程师张建国，在矿党委书记李军民、矿长杨国和陪同下莅临八矿检查指导工作。张总对我矿的一系列工作安排给予了肯定，并对加快“安全伙伴”体系建设等工作提出具体要求，要求进一步推广争创星级“安全伙伴”制度，加强安全管理能力，建设具有八矿特色的安全文化体系。

中国平煤神马集团副总经理、总工程师张建国到矿检查指导“安全伙伴”管理体系建设工作

2020年7月10日下午，宁夏回族自治区政府副秘书长王小成、宁夏回族自治区应急管理厅厅长张吉胜带领宁夏煤矿智能化建设考察团一行13人，在河南煤监局党组成员、副局长郑其堂，集团副总经理、总工程师张建国，八矿党委书记李军民、矿长杨国和陪同下，莅临八矿考察交流智能化工作面建设情况。高度赞赏了八矿能够在疫情期间安全高效建成本矿首个智能化工作面，并深入讨论了"安全伙伴"在促进企业管理方面的积极作用，现场进行了交流学习。

宁夏回族自治区政府副秘书长王小成带领

考察团一行到八矿学习交流

几句硬话

附录二

(1)获得"安全伙伴"奖励的,只能是参与当月矿井安全生产经营等活动的职工,不管年休假、病假等其他什么原因造成缺勤的,除国家规定的相关待遇外,不能享受"安全伙伴"奖励。

(2)"安全伙伴"奖励绝不能当成福利来发,对考核过程中弄虚作假的,不仅要取消本人"安全伙伴"奖励,责任单位党政正职、办事员也要一并取消。

(3)结成"安全伙伴"要秉承自愿原则,决不允许单位内部搞平衡、指定对象结伙伴。

(4)"安全伙伴"多是两两相互结成伙伴,但也允许3人、甚至更多人结成伙伴。当然,结成伙伴的人越多,得不到"安全伙伴"奖励的"风险"就越大。

(5)要把"安全伙伴"这块蛋糕做大,提高所占工资比例,真正让多劳者多得,提高自保、互保意识。

(6)"安全伙伴"要视矿井经营业绩进行不同程度加发,可以加发50%,也可以翻倍兑现,甚至可以翻3倍兑现,能不能加发靠全矿干部职工努力。

后　记

1993年7月，我迈出了校门，踏入了矿区，在中国平煤神马集团工作至今，时间如白驹过隙，一转眼就是27年。27年来，我与煤结缘、以煤为友，虽不常登上高楼大厦，但时常深入百米井下，回首往事，感慨颇深。

每当夜深人静时，脑海中总是回想起当年扛着被褥和枕头远离家乡时家人送别的场景，想起第一次入井时那略显慌张的心情，勾想起第一次上台领奖时激动颤抖的手……

27年来，我辗转了三个单位。在一矿我奋斗了15年，一矿浓郁的人文情怀、厚重的文化底蕴影响着我，“中原一矿”教我知识、孕我成长。在平宝公司我干了10年，双企合作的成功典型是新时代下中国平煤神马集团的有力探索，“八百里伏牛之首”激励着我担当作为、积极工作。来到八矿，这个新中国自行设计施工的第一座特大型煤矿，被誉为中国平煤神马集团的“东方明珠”，能够在这里工作，是上级领导对我的信任和重托。

多年来，在集团公司的培养下，在各级领导的关心下，虽然我已经从一名普通技术工人走上了基层领导岗位，但我深知，我是煤矿人，吃的是煤炭这碗饭，任何时候不能忘本，更不能苦了矿工兄弟。

在我经历的三个单位中，既有改革任务繁重的老矿井，又有朝气蓬勃的新矿井，但不管身处何种岗位，能够让矿工兄弟们平平安安的上班、下班，是我最大的追求。而如何抓实、抓好安全生产工作，让党和国家放心、让集团公司安心、让职工兄弟舒心、让企业实现更加安全、更高质量的发展,一直是长期身处煤矿管理岗位的我所思考的问题。

2009年,在一次到永煤集团陈四楼煤矿考察学习期间,我接触到了"安全伙伴"管理体系的原型,虽然当时概念比较模糊,但这种多人为伴、共同担责、互相提醒的管理模式深深吸引了我。回到单位后,我结合平宝公司实际和自己多年来煤矿井下工作经验,开展了全员"安全伙伴"管理活动,效果非常明显。

2019年,带着集团公司的重托,我来到平煤股份八矿,这个发展了50多年、拥有近9000人的大矿,安全怎么保?职工怎么管?工效怎么提?效益怎么增?是摆在我面前的又一挑战。

这时,我想到了"安全伙伴"。在上任不到一个月时间内,我多方调研论证,结合矿井实际,决定取消使用十多年的安全风险抵押金制度,开展争创星级"安全伙伴"活动。由于其新颖的管理方式和较高的奖励金额,一经推出便受到了广大干部职工的一致认可和普遍好评,在解决老矿井存在的老问题方面起到了立竿见影的效果,大大提高了职工自保互保意识,以及干工作的主动性和积极性。

2019年7月,得益于"安全伙伴"在八矿运用期间效果显著,得到河南省平顶山市委常委、市人民政府副市长、党组副书记摆向阳同志的高度肯定,平顶山市政府安委会决定,在全市工矿商贸企业关键岗位推广"安全伙伴"星级管理模式。9月,在平顶山市安全生产责任体系建设推进会上,我也有幸同与会领导和同志们交流讲解"安全伙伴"管理的方式方法。10月,集团副总经理、总工程师张建国同志百忙之中莅临八矿,要求我尽快丰富提炼"安全伙伴"管理体系,形成具有八矿特色的安全管理品牌。说之惭愧,受限于分内事务繁重,经历了这么久,《"安全伙伴"管理体系应用与实践》一书才迟迟推出。

《"安全伙伴"管理体系应用与实践》一书,以管住安全为前提,着力于约束个人行为，最终目标是实现企业高质量发展。编撰期间，我收集了大量素材和资料进行补充，列举了许多发生在职工身边的真实案例，并对其产生的效应进行了深入剖析，基本提炼出了“安全伙伴”可供借鉴的内容，文章整体言简意赅，道理简单通彻。此书的推出，希望在煤炭产业发挥出其安全管理、劳动优化、和谐建设等方面的点滴作用，也希望能够为身处国企改革大潮中的“老”企业提供些许参考。不妥之处，还望批评指正。

成书的过程，也是我学习的过程。在此期间，有幸与中国平煤神马集团李毛、杜波、张建国等领导进行沟通交流，给予了我许多灵感和帮助。更有中国平煤神马集团党委书记、董事长李毛同志百忙之中不吝赐教，并亲为作序。在此，对他们表示深深的谢意，并祝他们身体安康，工作顺心。

杨国和

2020 年 8 月

于河南·平顶山